Karl von Wogau

Klaus Löffler · Diether Mitzka

Der Milliarden-Joker

Offene Worte gegen geschlossene Grenzen in Europa

Europa Union Verlag

Zeichnungen:
Dieter Löffler, Konstanz

CIP-Kurztitelaufnahme der Deutschen Bibliothek

Der Milliarden-Joker. Offene Worte gegen geschlossene
Grenzen in Europa/Karl von Wogau; Klaus Löffler;
Diether Mitzka.
Bonn: Europa Union Verlag, 1987.
ISBN 3-7713-0286-2
NE: Wogau, Karl von [Mitverf.]; Löffler, Klaus [Mitverf.];
     Mitzka, Diether [Mitverf.]

© 1987 Europa Union Verlag GmbH, Bonn

Satz und Gestaltung:
litera Verlags-Service GmbH, Bonn

Druck:
L.N. Schaffrath, Geldern

ISBN 3-7713-0286-2

Inhalt

Geleitwort

Jacques Delors
Präsident der Kommission der Europäischen Gemeinschaft

Es ist mir eine große Freude, das Vorwort zu dem Buch von Karl von Wogau zu verfassen, der mein Kollege im Europäischen Parlament und ein höchst aktives Mitglied des Wirtschafts- und Währungsauschusses war, dessen Vorsitz ich führen durfte. Dieses Buch ist ein sehr wichtiger Beitrag zu der Debatte über ein Thema, das einen der Schwerpunkte der Tätigkeit der gegenwärtigen Kommission bildet, und ich bin überzeugt, daß es für alle, die über diese Frage nachdenken wollen, künftig eines der wichtigsten Standardwerke sein wird. Daß wir es der Feder eines europäischen Abgeordneten verdanken, ist meines Erachtens bezeichnend. Hat nicht das Parlament schon immer gezeigt, daß es für alles, was die Einheit Europas und seine Nähe zum Bürger stärken kann, besonders aufgeschlossen ist?

Was bedeutet die Vollendung des Binnenmarktes, die die Kommission im Juni 1985 im Weißbuch vorgeschlagen hat, für die Gemeinschaft?

Zunächst geht es um ein ehrgeiziges Projekt. Der Gedanke, der dem Weißbuch zugrunde liegt, ist der eines „Raums ohne Grenzen", der über den ein wenig merkantilen Begriff des Gemeinsamen Marktes hinausgeht. Er setzt voraus, daß parallel zur Vollendung des Binnenmarktes ein ausreichender wirtschaftlicher und sozialer Zusammenhalt geschaffen wird, damit die beiden Hauptgefahren, die dabei latent vorhanden sind, ausgeschaltet werden können: eine Konzentration des Reichtums in den ohnehin schon wohlhabenden Regionen der Gemeinschaft und eine unkontrollierte Deregulierung, die den notwendigen Dialog zwischen Sozialpartnern behindert. Können wir übrigens sicher sein, daß es überhaupt möglich wäre, das gesetzte Ziel ohne den inneren Zusammenhalt der Gemeinschaft und ohne eine lebendige und erfolgreiche soziale Konzertation zu erreichen?

Sodann geht es um ehrgeizige Ziele. Das Weißbuch, das sind dreihundert konkrete Etappen von der Abschaffung der Zollformalitäten an den Grenzen bis zur Harmonisierung der Verbrauchsteuern, die nach einem genauen und verbindlichen Zeitplan verwirklicht werden sollen.

Dieses ehrgeizige Unterfangen ist kein Selbstzweck, vielmehr entspricht es einer zweifachen Notwendigkeit. Es geht dabei um den Fortbestand Europas und um seine Glaubwürdigkeit gegenüber den eigenen Bürgern und der übrigen Welt. Die Vollendung des Binnenmarktes bis 1992 ist wahrscheinlich für die europäische Wirtschaft die letzte Chance, ihre Wettbewerbsfähigkeit gegenüber den amerikanischen und japanischen Konkurrenten wiederzuerlangen. Nur diese neu geschaffene Dimension kann Europa wieder zu einem starken Wachstum und zu neuen Arbeitsplätzen verhelfen. Aber die Errichtung eines einheitlichen Marktes ist noch mehr als nur die Eröffnung einer neuen Dimension für die europäischen Unternehmen. Es soll auch den Bürgern Europas das Gefühl vermittelt werden, daß sie ein und derselben Gemeinschaft angehören, in der sie sich ungehindert bewegen können, wo immer es ihnen gefällt. Kurz: Sie sollen Grund haben, an Europa zu glauben.

Die Verwirklichung dieses Zieles wird der Gemeinschaft auch Gelegenheit geben zu testen, ob die in der Einheitlichen Akte verankerten neuen Regeln funktionsfähig sind. Der großräumige Markt ist somit ein wesentlicher Test auf dem Weg zur Europäischen Union. Zwar fehlt es nicht an Schwierigkeiten, und das Unterfangen mag unrealistisch erscheinen, vor allem wenn man bedenkt, daß die Errichtung eines Gemeinsamen Marktes schon eines der Hauptziele des Vertrags von Rom war: Mehr als 25 Jahre später sind viele Hindernisse noch immer nicht beiseite geräumt, und sie in fünf oder sechs Jahren beseitigen zu wollen, mag illusorisch erscheinen. . . Aber das Ausmaß der Schwierigkeiten und die Dringlichkeit der Aufgabe geben mir paradoxerweise noch mehr Grund zu hoffen. Sie haben einen umfassenden gedanklichen Prozeß ausgelöst, der jeden von uns veranlassen wird, seine allzu enggefaßten Interessen zu vergessen, um den richtigen Weg zu gehen, d.h. seinen wahren Interessen entsprechend zu handeln. Das Buch von Karl von Wogau kann diesen gedanklichen Prozeß nur vertiefen und besser ermessen helfen, was der großräumige Markt für uns bedeutet. Hierfür verdient es eine große Leserschaft.

Einleitung: Setzen wir den Joker!

„Man kann Europa nicht bauen, wie man ein Haus baut:
Europa ist eher wie ein Baum, der wächst, der eine
Schicht nach der anderen ansetzt."

Konrad Adenauer

Der Mäuseturm im Rhein bei Bingen, heute ein idyllischer Blick-
fang für vorbeireisende Touristen, war früher für die Fremden
ein Ärgernis. Denn er diente als Mautturm, als Zollbastion auf
dem Rhein, an dem Schiffe erst vorbeikamen, wenn die Maut
entrichtet war. Tausende von Zollhäusern und Schlagbäumen
schnürten vor Gründung des Zollvereins im Jahre 1833 den Handel zwischen den 39 selbständigen Staaten in Deutschland ab.
Dieses kleinstaatliche organisierte Raubrittertum war nicht nur
ein Barriere für Reisende und Handel, sondern auch für die
deutsche Einheit.

Bei einer „historischen Parallelverschiebung" zur europäischen
Einigung kann man auch heute die von den nationalen Bürokra-
tien zäh verteidigten Grenzkontrollen sowie technische und administrative Handelshemmnisse als entscheidende Hindernisse
auf dem Weg zum geeinten Europa erkennen. Das „Europa der
Bürger" ist nur dann erreichbar, wenn in absehbarer Zukunft alle Grenz- und Zollstellen innerhalb der Europäischen Gemeinschaft abgeschafft werden oder – wie der Mäuseturm bei Bingen
– als Touristenattraktionen weiterbestehen.

Dieses Ziel ist keine Illusion, sondern kann Schritt für Schritt in
den nächsten Jahren erreicht werden. Auf ständiges Drängen des
Europäischen Parlaments haben die Staats- und Regierungschefs
mit der Unterzeichnung der „Einheitlichen Europäischen Akte"
am 17. Februar 1986 endlich das Startsignal für die Schaffung des
Binnenmarktes gegeben. Am 31. Dezember 1992 soll der politische Marathonlauf gegen Handelsbarrieren die Ziellinie errei-

chen, nämlich den europäischen Binnenmarkt ohne Grenzen, in dem freier Verkehr von Personen, Waren, Dienstleistungen und Kapital herrscht.

Die Schaffung eines gemeinsamen Binnenmarktes für 320 Millionen Bürger wird neue wirtschaftliche Energien freisetzen und der Europäischen Gemeinschaft im Wettbewerb mit den USA, Japan und neuen Industrienationen in Fernost Auftrieb verleihen.

In diesem Buch muß auch über bürokratische Zollpraktiken gesprochen werden, die immer noch Handel und Verkehr über die Grenzen behindern. Dies richtet sich nicht gegen die Zoll- und Grenzpolizeibeamten, die ihren Dienst und ihre Pflicht tun. Unsere Kritik richtet sich gegen die Verursacher dieser Zustände, gegen Gesetzgeber und die Verantwortlichen für Vorschriften, die gegen den Geist der EWG verstoßen und in denen kein Sinn (mehr) zu erkennen ist.

Noch immer werden durch die Grenzen ungeheure Mittel verschwendet. Bürger, Firmen und öffentliche Haushalte könnten − wie in diesem Buch noch näher dargelegt wird − etliche Milliarden Mark jährlich sparen, sobald die Grenzbarrieren fallen und der Binnenmarkt verwirklicht ist. So gesehen ist der europäische Binnenmarkt ein „Milliarden-Joker", der beherzt ins Spiel gebracht werden muß! Die Öffentlichkeit muß bei den nächsten EG-Gipfeltreffen und Ratstagungen wachsam darauf achten, daß der Joker nicht im Ärmel der Regierungschefs und Minister bleibt. Es ist ein immenses Arbeitsprogramm zu bewältigen, denn bis 1992 müssen in den einzelnen Sachbereichen über 300 Vorschläge verabschiedet werden. Der Binnenmarkt ist freilich mehr als die Summe von 300 Einzelvorschlägen, er ist ein politischer Wachstumsschub für Europa. Dieses Ziel kann nicht technokratisch auf dem Reißbrett vorgezeichnet werden: wir brauchen vor allem politischen Schwung, um die Trümpfe auszuspielen, die wir Europäer auf der Hand haben.

Erstes Kapitel
Freier Personenverkehr:
Öffnet die Schlagbäume

„Schlagbäume auf für den Reiseverkehr!", lautet die Devise des Europäischen Parlaments, damit Urlaubsfreude und Reiselust nicht länger an der Grenze einen Dämpfer erhalten. Dank vereinter Initiativen von Bürgern und Abgeordneten sind heute die Grenzen in der Gemeinschaft durchlässiger als vor fünf Jahren. So sägten sie − im wörtlichen wie im übertragenen Sinne − „ritze! ratze! voller Tücke − in den Schlagbaum eine Lücke". Das Ziel ist die Abschaffung aller Personenkontrollen bis 1992 an den EG-Binnengrenzen.

„Haben Sie einen Paß? Nichts haben Sie.
Und wer keinen Paß hat, ist niemand.
Mit Ihnen können wir machen, was uns beliebt.
Und das werden wir jetzt, und Sie werden nicht gefragt."
                    B. Traven, Das Totenschiff

Die „grüne Scheibe" ist nur ein Anfang
Viele Bürger empfinden es als Widerspruch, daß sie routinemäßigen Kontrollen bei der Fahrt ins Ausland unterzogen werden,
während beim Transport gefährlicher Stoffe eine Art „Giftmüll-
Tourismus" quer durch Europa zu beobachten ist. Die Rundrei-
se der 41 Dioxinfässer aus Seveso, aus der der Ministerrat inzwischen erste Konsequenzen gezogen hat, ist hier nur die Spitze
eines Eisbergs.
In einer Zeit, in der Umweltverschmutzung zu einem gefährlichen „Spiel ohne Grenzen" wird — den Export von saurem Regen vermögen weder Zoll noch Kontingente zu verhindern —
fühlen sich Urlauber und Grenzpendler zunehmend als die falschen Adressaten staatlicher Kontrollmaßnahmen. Nur wenige
verfügen über die souveräne Gelassenheit Heinrich Heines, dem
die Prozedur an der deutsch-französischen Grenze nicht einmal
seine Dichterlaune verderben konnte:

„Während die Kleine vor Himmelslust
getrillert und musizieret
ward von den preußischen Douaniers
mein Koffer visitieret."

Die persönlichen Sorgen, mit denen sich die Bürger im europäischen Alltag konfrontiert sehen, z.B. Paß- und Kofferraumkon-
trollen an den Grenzen, Autobahngebühren und grenzüberschreitende Umweltverschmutzung, werden heute als öffentli-
ches Ärgernis empfunden. Das Europäische Parlament hat durch
verstärkten politischen Druck und zahlreiche Initiativen dafür
gesorgt, daß die Dinge in Fluß gekommen sind. Das sichtbarste
Zeichen dafür sind die vom französischen Präsidenten Mitterrand und von Bundeskanzler Kohl im Sommer 1984 eingeführten
Erleichterungen im Personenverkehr, die inzwischen auch auf
die Benelux-Länder erweitert wurden. Mit Hilfe einer „grünen

Scheibe" können die Autofahrer dem Zollbeamten signalisieren, daß sie nichts zu verzollen haben und so selbst zum flüssigen Grenzübertritt beitragen.

Alle Einzelinitiativen, die das Europäische Parlament bislang ergriffen hat, sei es die Erhöhung der Freimengen für Kofferraumimporte, die Einführung des Europapasses oder eine unbürokratische Kontrollpraxis, zielen auf eine wichtige Neuerung ab: Die Verwirklichung der ungehinderten Bewegungsfreiheit der EG-Bürger innerhalb der Gemeinschaft. Dementsprechend gehört zu diesem Konzept neben der Abschaffung von Warteschlangen am Zoll mittelfristig auch die Beseitigung der lästigen Mautpflicht für die Benutzung von Autobahnen. Um einen einheitlichen Urlaubsraum zu schaffen, sollten durch besondere Abmachungen auf der Basis der Gegenseitigkeit auch Österreich und die Schweiz einbezogen werden. Der gegenläufige eidgenössische Volksentscheid über die Einführung einer Autobahn-Vignette beweist, daß wir bei diesem Unterfangen immer wieder mit Rückschlägen rechnen müssen. Es ist wie bei der Echternacher Springprozession: zwei Schritte vor, ein Schritt zurück.

An dieser Stelle muß die Frage geklärt werden, ob die Kontrollen des Reiseverkehrs an den inneren Grenzen der Gemeinschaft, wie sie heute noch praktiziert werden, mit Geist und Buchstaben des EWG-Vertrages vereinbar sind, oder ob nicht vielmehr die Freiheit des Reiseverkehrs ein europäisches Bürgerrecht ist.

Die vier Freiheiten des Personen-, Waren-, Dienstleistungs- und Kapitalverkehrs, die als die vier tragenden Stützpfeiler des Gemeinsamen Marktes angesehen werden, beziehen sich nach dem bisher noch überwiegenden, traditionellen Verständnis ausschließlich auf wirtschaftliche Tätigkeit. Die Zielsetzung des freien Personenverkehrs, die in Artikel 3 c des EWG-Vertrages angesprochen wird, wird dementsprechend auf ihren ökonomischen Kern verengt und mit der in Artikel 48 garantierten Freizügigkeit der Arbeitnehmer gleichgesetzt. Schon die Präambel des EWG-Vertrages spricht jedoch eindeutig die Zielsetzung an, die Grundlagen für einen immer engeren Zusammenschluß der europäischen Völker zu schaffen und die Europa trennenden Schranken zu beseitigen. Der Gedanke der Völkerverständigung, der hier als Leitmotiv herausgestellt wird, muß mit Leben erfüllt werden. Der Zusammenschluß der Völker verwirklicht sich nicht nur im Erwerbsleben, sondern auch in Urlaub und Freizeit. Der Besuch von Freunden im Ausland, die Besichtigung europäischer Kulturschätze und die Pflege der zahlreichen Städtepartnerschaften sind zu wichtigen Triebfedern für die Völkerverständigung in Europa geworden. Wer deshalb nicht nur nach dem Buchstaben, sondern auch nach dem Geist der Römischen Verträge fragt, muß zu dem Ergebnis gelangen, daß die Freiheit des Reiseverkehrs ein europäisches Bürgerrecht ist. Diese Auffassung, die erfreulicherweise im Vordringen ist, wird auch von der EG-Kommission vertreten. Besonderen Auftrieb erhält diese Position durch die sogenannte „Einheitliche Europäische Akte", die Anfang 1986 verabschiedet wurde. Im Mittelpunkt des Vertragswerk steht die schrittweise Verwirklichung des Binnenmarktes. Die Definitionsformel lautet: „Der Binnenmarkt umfaßt einen Raum ohne Binnengrenzen, in dem der freie Verkehr von Waren, Personen, Dienstleistungen und Kapital gemäß den Bestimmungen dieses Vertrags gewährleistet ist." Dieser Raum ohne Binnengrenzen sprengt zweifellos den wirtschaftlichen Rahmen des EWG-Vertrags, der Durchbruch zum freien Personenverkehr liegt in der Logik dieser neuen Vertragsgrundlage. Die Einführung des Europäischen Reisepasses müßte als Signal für die Verwirklichung der Reisefreiheit zwischen den Mitgliedsländern verstanden werden. Die im Europäischen Rat versammelten Staats- und Regierungschefs haben sich endlich dazu durchgerungen, diesen in allen Ländern der Gemeinschaft ab 1985 einzuführen. Als Begründung wurde das Bestreben genannt, „den Staatsangehörigen der Mitgliedsländer auf jede erdenkliche Weise verstärkt das Gefühl zu geben, daß sie ein und derselben Gemeinschaft angehören." Dieses Gefühl wird sich bei dem Bürger der Gemeinschaft jedoch nur einstellen, wenn ihm ein Recht zur Seite gestellt wird. Deshalb darf der Europapaß nicht zu einem inhaltslosen Symbol werden, das den nationalen Reisepaß einfach ablöst, sondern er muß zu einem Wertpapier werden, in dem das Recht auf Bewegungsfreiheit in Europa verbrieft ist.

Der hohe Stellenwert des Bürgerrechts auf freien Personenverkehr wird besonders im Kontrast zu den Staaten im Osten unseres Kontinents deutlich, die ihren Bürgern dieses Grundrecht zum überwiegenden Teil vorenthalten. Besonders die Deutschen, die durch Mauer und Stacheldraht voneinander abgegrenzt sind, sind dazu aufgerufen, die Sensibilität für den Wunsch und das Recht der Bürger auf Reisefreiheit zu bewahren und wo immer dies möglich ist, in praktische Politik umzusetzen.

Offene Grenzen − freie Fahrt für Kriminelle?

Die gravierendsten Bedenken, die gegen diese Vorschläge angemeldet werden, lassen sich auf folgenden Nenner bringen:
Die politische Gesamtbilanz sei negativ, weil das Plus auf der Seite Europas mit einem Minus auf der Seite der Sicherheit erkauft werde; offene Grenzen führen zu einem Sicherheitsdefizit, weil sie Kriminellen freie Bahn schaffen. Immer wieder rechnen uns die Innenminsterien der Länder vor, wieviel Aufgriffe von Übertätern an den Grenzen erfolgen. Besonders Terrorismus und Drogenschmuggel werden herangezogen.
Aus der Kriminalstatistik werden Zahlen herausgefiltert und immer wieder als Munition für die Beibehaltung der Grenzkontrollen ins Feld geführt. Im Jahr 1983 habe die Grenzpolizei mehr als 14 000 Personen wegen krimineller Delikte festgenommen, über 17 000 illegal einreisende Ausländer zurückgewiesen und mehr als 1 000 Kilogramm Rauschgift beschlagnahmt. Außerdem seien im gleichen Jahr 33 000 Kraftfahrzeuge aufgrund sicherheitstechnischer Mängel aus dem Verkehr gezogen worden.
Die typische Interpretationsweise dieser Zahlen findet sich in einer Pressemitteilung des Stuttgarter Innenministeriums: „Aufenthaltsermittlungen, Ausreiseuntersuchungen, Zurückweisungen und sonstige Aufgriffe in nahezu 40 000 Fällen", heißt es in einer auf den ersten Blick plausiblen Formulierung, „unterstreichen die Bedeutung der bisherigen Grenzkontrollen als einen wichtigen Eckpfeiler des Sicherheitssystems."
Schweres Geschütz wurde beispielsweise bei einer Terrorismus-Konferenz europäischer Polizeigewerkschaften im Oktober 1984 aufgefahren. Der nordrhein-westfälische Innenminister Schnoor und der Präsident des Bundeskriminalamtes Boge bezeichneten einen Wegfall von Grenzkontrollen als unverantwortbar.

16

Schnoor fügte hinzu, die dadurch entstehenden Sicherheitsprobleme könnten auch durch andere Maßnahmen, wie Kontrollen im Ausland, nicht ausgeglichen werden: „Für Europa ist dieser Preis zu hoch. Die Terroristen hätten dann den häßlichen Staat, den sie herbeibomben wollen." Auch der baden-württembergische Innenminister Schlee stimmte inzwischen in den parteipolitisch gemischten Chor der Zweifler ein und warnte in ironischer Abwandlung einer Forderung des Europäischen Parlaments vor einer „Sonderspur für Verbrecher an den Grenzübergängen".

Treffen die zitierten Aussagen den Nagel, an den einige Europapolitiker die Sorge um die innere Sicherheit angeblich gehängt haben, auf den Kopf, oder sind sie nur brüchige Glieder an einer Kette von nationalen Vorurteilen, an die manche den europäischen Fortschritt legen würden? Bringt das ungehinderte Passieren der Grenzübergänge innerhalb der Gemeinschaft die labile Balance von Freiheit und Sicherheit in Europa tatsächlich aus dem Lot? Diese Fragen erfordern eine differenzierte Antwort, die nachstehend skizziert wird:

Vorab eine Bemerkung zu den aufgeführten statistischen Zahlen über die Aufgriffe an den Grenzen. Es wäre leichter, eine völlige Unwahrheit zu widerlegen, als die in einer Statistik häufig anzutreffenden Halbwahrheiten. Im vorliegenden Fall besteht die richtige Hälfte darin, daß die Grenzpolizei tatsächlich Erfolge bei ihrer Fahndungstätigkeit verbuchen kann. Die falsche Hälfte der Aussage ist jedoch darin zu erblicken, daß dem Leser eine Formel „Offene Grenzen = mehr Verbrechen" suggeriert werden soll. Für oder gegen die Forderung des Europäischen Parlaments besitzen die Statistiken keinen Beweiswert, weil sie pauschale Angaben enthalten, anstatt in gebotenem Maße zu unterscheiden zwischen Aufgriffen an den Binnengrenzen und Außengrenzen der Gemeinschaft, Bagatelldelikten und schweren Verbrechen und Festnahmen aufgrund gezielter Fahndung oder Zufallaufgriffen bei Routinekontrollen.

Bisher ist noch in keinem Fall bekannt geworden, daß ein Terrorist an einer der inneren Grenzen der Gemeinschaft ergriffen wurde. Im Gegenteil: Mitglieder der „Rote Armee Fraktion" konnten unerkannt mit dem ermordeten Arbeitgeberpräsidenten Schleyer im Kofferraum die deutsch-französische Grenze bei

Neuenburg überschreiten. Von wenigen Ausnahmen abgesehen, werden an dieser Grenze in erster Linie die kleinen Fische gefangen, während die großen mit falschen Pässen reisen oder die grüne Grenze benutzen. Eine besondere Situation besteht beim Drogenschmuggel, wobei berücksichtigt werden muß, daß die Drogen in der Regel aus Ländern außerhalb der Gemeinschaft kommen. Wenn es gelingt, die Außengrenzen der Gemeinschaft, ihre Küsten, Flughäfen und Häfen, besser gegen Drogenschmuggel zu sichern, ist dies der geeignete Weg, um mit diesem Problem fertig zu werden. Daher hat auch das Europäische Parlament immer wieder die Verlagerung der Grenzkontrollen an die Außengrenzen der Gemeinschaft gefordert.

Eine weitere Forderung des Parlamentes besteht darin, die Zusammenarbeit zwischen den Polizeibehörden der Mitgliedsländer zu verbessern. Die Gründung von „Europol", einer Institution zur gemeinschaftlichen Verbrechensbekämpfung, wäre ein wichtiger Schritt auf dem Wege zu einer Verbesserung der inneren Sicherheit auf dem Territorium der Europäischen Gemeinschaft.

Insbesondere in den Grenzregionen zwischen den Mitgliedsländern der Gemeinschaft muß die Zusammenarbeit zwischen den Polizeibehörden wesentlich verbessert werden. Denn entgegen der landläufigen Meinung wirken diese Grenzen häufig nicht als Instrument, sondern als Hemmnis für die Verbrechensbekämpfung. Wenn der Verbrecher die Grenze überschreitet, ist er zunächst einmal den Nachstellungen der ihn verfolgenden Behörde entzogen. Im Grenzraum zwischen Deutschland, der Schweiz und Frankreich haben die Mitglieder der Rote Armee Fraktion ausgiebig von dieser Möglichkeit Gebrauch gemacht. Daher sollte überlegt werden, in welcher Form den Polizeibehörden im Grenzbereich die sogenannte Nacheile ermöglicht werden kann. Grenzüberschreitende Information und Zusammenarbeit der Polizeibehörden sollten institutionell verankert werden. Beispielsweise ist nicht einzusehen, warum nicht deutsche und französische Polizisten im Grenzraum gemeinsam Streife fahren sollten. Nach meiner Überzeugung kann durch ein Bündel derartiger Maßnahmen erreicht werden, daß trotz Abschaffung der systematischen Grenzkontrollen den Sicherheitsbedürfnissen der Bürger der Gemeinschaft Rechnung getragen wird. Das Übereinkommen der Beneluxstaaten betreffend die Verlegung der Personenkontrollen an die Außengrenzen vom 11. April 1960 und das deutsch-französische Regierungsabkommen von 1975 über die Zusammenarbeit der Polizei an den Grenzen könnten hierfür als Ansatzpunkte dienen.

Wie schwer der Bürokratie der Abschied von perfekt erfaßbaren kleinen Übertretungen und die Hinwendung zu schweren Delikten fällt, wie ungern mithin der Blick von der Bagatelle auf das Wesentliche gerichtet wird, demonstrierte unlängst die niederländische Verwaltung. Um ihrer unglücklichen, von unverständigen Europapolitikern bisweilen gestörten Liebe zum Detail Ausdruck zu verleihen, ist sie dazu übergegangen, an den Binnengrenzen mit Hilfe von Zollcomputern die Zahlen von Ordnungswidrigkeiten bei der Einreise oder Ausreise ihrer Staatsbürger zu überwachen. Diese Maßnahme ist schnell, praktisch, leicht – und falsch. Denn ein Erfolg, der fahndungstechnisch leicht zu erzielen ist, kann rechtsstaatlich schwer zu ertragen sein. Unbeschadet des Rechts, Bußgelder wegen begangener Ordnungswidrigkeiten beizutreiben, ist es weder notwendig noch vertretbar, die Grenzen innerhalb der Gemeinschaft als Fangzäune gegen säumige Zahler auszugestalten. Damit werden die Zoll- und Grenzschutzbeamten, die angesichts eines schwunghaften Drogenschmuggels Wichtigeres zu tun hätten, zu Statisten einer Seifenoper über die Verfolgung von Parksündern degradiert. Titel: „Der fliehende Holländer". Da der Effekt der Inszenierung durch neue elektronische Techniken gesteigert wird, trifft auf diesen Fall die Kritik von M. Meacham zu: „Computer sind phantastisch: in wenigen Minuten können sie einen so großen Fehler produzieren, wie ihn selbst viele Menschen nur in vielen Monaten machen können." Müssen sich die Bürger ein derartiges Vorgehen, eigentlich Rückwärtsgehen, gefallen lassen? Diese Frage hat das Europäische Parlament aufgegriffen und in Form einer Anfrage des Verfassers am 23. Mai 1984 an die Kommission weitergeleitet. Die Antwort von Kommissar Narjes läßt an Klarheit nichts zu wünschen übrig. Die Kommission teilt die Rechtsauffassung, daß die Übertragung solcher neuer Aufgaben auf die Behörden an den innergemeinschaftlichen Grenzen nicht mit dem Gemeinschaftsrecht vereinbar ist. Die Richtlinie des

Rates Nummer 73/148/EWG vom 21. Mai 1973 „zur Aufhebung der Reise- und Aufenthaltsbeschränkungen für Staatsanghörige der Mitgliedstaaten innerhalb der Gemeinschaft auf dem Gebiet der Niederlassung und des Dienstleistungsverkehrs" verpflichtet die Mitgliedstaaten, Aus- und Einreise zu gestatten, falls ein gültiger Personalausweis vorgelegt werden kann. Weitere Formalitäten — wozu auch die Beitreibung von Bußgeldern gehört — sind also unzulässig. Der Europäische Gerichtshof hat in der „Luisi-Entscheidung" vom 31. Januar 1984 erfreulicherweise klargestellt, daß der von der Richtlinie begünstigte Personenkreis nicht nur Arbeitnehmer und Gewerbetreibende, sondern auch Touristen umfaßt. An diesem Fall zeigt sich, daß die Regeln der Gemeinschaft für den freien Personenverkehr kein leerlaufendes europäisches Bürgerrecht sind, sondern vielmehr ein wirksames Schutzschild gegen bürokratischen Überwachungseifer darstellen. Dem ist rechtspolitsch hinzuzufügen, daß EG-Kommission und Parlament wenig Verständnis für die Ordnungswidrigkeiten-Fahndung der niederländischen Behörden aufbringen, zumal diese in einem Moment eingeführt wurde, in dem von allen Seiten auf die Abschaffung oder zumindest Erleichterung der Personenkontrollen gedrängt wird.

Diese Feststellungen führen zu der Erkenntnis, daß der Zielkonflikt zwischen dem Recht auf Freizügigkeit und dem Bedürfnis nach Sicherheit durch einen verstärkten europäischen Beitrag besser gelöst werden kann. Zielfahndung nach Schwerverbrechern in einem europäischen Fahndungsnetz ist erfolgversprechender als routinemäßiges Durchblättern oder computermäßiges Erfassen der Ausweise von Millionen von Urlaubsreisenden und Grenzpendlern. Aus dem Bereich schwerer Kriminalität zeigen zahlreiche Beispiele, daß heute mit einer Fließbandüberprüfung nach der Devise „Masse statt Klasse" kein entscheidender Schlag mehr geführt werden kann; vielmehr bedarf es der Konzentrierung und Spezialisierung der Sicherheitskräfte, um grenzüberschreitend organisierten Verbrechern Paroli zu bieten. Dieser Aufgabe sollten sich die Innenminister und Behördenleiter stellen; diejenigen unter ihnen, die politische Impule für ein vereintes Europa administrativ unterlaufen wollen, befinden sich auf der falschen Spur.

Das Europäische Parlament als treibende Kraft

Zum Resonanzboden für die Klagen und Beschwerden vieler Bürger über anhaltende Grenzkontrollen hat sich das Europäische Parlament schon kurz nach der ersten Direktwahl im Jahre 1979 entwickelt. Als partei- und länderübergreifende Plattform für die Forderungen nach einem bürgernahen Europa mit einem Gemeinsamen Markt wurde die Arbeitsgruppe „Känguruh" aus der Taufe gehoben. Der englische Konservative Basil de Ferranti, der dänische Fortschrittsdemokrat Kai Nyborg, der deutsche Sozialdemokrat Dieter Rogalla sowie der Verfasser bildeten die Quadriga der Initiatoren. Aus der Mitte dieser Arbeitsgruppe wurde eine große Anzahl parlamentarischer Initiativen entwickkelt. Außerdem berief das Europäische Parlament eine Delegation, die bei allen nationalen Regierungen und Parlamenten Verbündete für eine Belebung der Europa-Politik gewinnen konnte. Beim EG-Gipfel in Fontainebleau am 25. und 26. Juni 1984, also wenige Wochen nach der Europawahl, zeigte sich, daß der stetige parlamentarische Tropfen den Stein der nationalen Starrsinnigkeit zu höhlen vermag. Unter dem Stichwort „das Europa der Bürger" versprachen die Staats- und Regierungschefs „sehr rasch die Maßnahmen zu prüfen, durch die erreicht werden kann, daß . . . alle Polizei- und Zollformalitäten an den innergemeinschaftlichen Grenzen im Personenverkehr entfallen".

Inzwischen hat die Kommission ein Weißbuch mit einem Zeitplan vorgelegt, wonach der offene europäische Binnenmarkt bis zum Jahr 1992 verwirklicht werden soll.

Es gehört zu den zentralen Aufgaben des Europäischen Parlaments, in der neuen Wahlperiode auf die Erfüllung dieses Versprechens zu pochen, wobei dieses Ziel nur mit starkem Rückenwind aus der Bevölkerung erreichbar ist. Die Initiativen zur Verwirklichung des freien Personenverkehrs, die mit einem Ausbau des Gemeinsamen Marktes Hand in Hand gehen müssen, lassen sich in folgende Kernpunkte zusammenfassen:

● Im Zuge der bereits beschlossenen Einführung des europäischen Passes müssen systematische Kontrollen abgeschafft und der Übergang auf das *Stichprobenprinzip* vollzogen werden. Eine Minimalforderung wäre die sofortige Ausdehnung der neuen

Praxis an den Grenzen zwischen Deutschland, Frankreich und den Benelux-Ländern auf die gesamten Binnengrenzen der Gemeinschaft. An Flughäfen sollen besondere Durchgänge für EG-Bürger eingerichtet werden, die eine bevorzugte Abfertigung ermöglichen.

● In einem zweiten Schritt soll die grenzpolizeiliche Kontrollbefugnis noch weiter reduziert werden. Die Stichprobenpraxis soll dann durch das Verdachtsprinzip abgelöst werden. Das heißt, daß dann unverdächtige Bürger nicht mehr überprüft werden können, sondern diese Möglichkeit nur noch bei Verdacht einer strafbaren Handlung besteht. Dabei wird der heute gängige Regel-Ausnahme-Mechanismus bei Grenzkontrollen umgekehrt und zugleich die liberale Komponente des Rechtsstaats in Europa gestärkt. Eine ständige Personenkontrolle an den Grenzübergangsstellen ist dann nicht mehr erforderlich. Es genügt eine mobile Überwachung im Grenzbereich. Diese Aufgabe könnte von der Landespolizei wahrgenommen werden.

● Zugleich sollen die *Freimengen* für Kofferraumimporte, Reisesouvenirs und kleine, nicht kommerzielle Warensendungen großzügig erhöht werden. Es ist anzustreben, daß die Freibeträge in mehreren Stufen bis zum Ende des Jahrzehnts auf DM 1 000 pro Kopf angehoben werden. Die Freimengen sind eine Angelegenheit, bei der die Bürger bereits heute deutlich spüren können, daß sie einer Europäischen Gemeinschaft angehören. Derzeit (Stand 1986) wird international eine Abgabenfreiheit für Waren im Wert von DM 115 pro Person beim Grenzübertritt gewährt, innerhalb der EG dagegen derzeit ca. DM 780. Die auffällige Kluft zwischen den Mitgliedern der EG und anderen Ländern ist zu einem beträchtlichen Maß auf das ständige Drängen des Europäischen Parlaments in diese Richtung zurückzuführen – ein Stück Bürgerfreundlichkeit, das nicht an die große Glocke gehängt wurde.

● Außerdem wird auf die Lockerung der kleinlichen *Ausnahmebestimmungen* für Wein, Kaffee, Tee und ähnliches hingewirkt. Beim Grenzübertritt zwischen den Mitgliedsländern dürfen beispielsweise derzeit nur 5 Liter Wein abgabenfrei mitgeführt werden. Dies sollte künftig großzügiger gestaltet werden, denn nicht Zollregelungen, sondern der Geschmack der Verbraucher sollte über Weingenuß entscheiden. Besonders ärgerlich ist, daß die Freimengen für die Bewohner der Grenzregionen noch eingeschränkter gestaltet sind. Zur Orientierung folgt nun eine tabellarische Übersicht über die derzeit geltenden, leider reichlich engherzigen Ausnahmebestimmungen.

Waren	Freimengen in EG-Ländern	Freimengen in anderen Ländern	Freimengen für Bewohner des Zollgrenzbezirks
Zigaretten	300 Stück	200 Stück	40 Stück
Alkohol über 22 % Vol.	1,5 l	1 l	0,25 l
Alkohol unter 22 % Vol.	3 l	2 l	0,5 l
Sekt	3 l	2 l	0,5 l
Wein	5 l	2 l	0,5 l
Kaffee	1000 g	300 g	75 g
Tee	200 g	60 g	15 g
Parfum	75 g	30 g	7,5 g

● Die *grenzüberschreitende Zusammenarbeit* bei der Polizeifahndung muß verbessert werden, um bei Wegfall der Grenzkontrollen ein Sicherheitsdefizit zu vermeiden. Die Schwerpunkte bei der Fahndung, insbesondere gegen Rauschgiftschmuggel, Subventionsbetrug und illegale Einwanderung, muß an die Außengrenzen, einschließlich der See- und Flughäfen verlagert werden. Eine klare Unterscheidung zwischen Binnengrenzen und Außengrenzen entspricht europäischer Logik. Im einzelnen ist ein Übereinkommen erforderlich, das insbesondere beinhaltet

– daß die Fahndung über eine zu schaffende gemeinsame Organisation ("Europol") verbessert wird,

– daß das Recht auf Nacheile eingeräumt wird, also die Befugnis, daß ein Flüchtiger, der auf frischer Tat gestellt oder wegen einer Straftat verurteilt wurde, über die Binnengrenzen hinweg verfolgt werden darf,

– daß nach dem Vorbild der Zusammenarbeit der Länder im Bundesstaat eine unbürokratische Gestaltung der Amtshilfe für Behörden und Gerichte herbeigeführt wird, die den direkten Kontakt zwischen den handelnden Organen ohne Umweg über einen langen Dienstweg ermöglicht,

– daß die Rechtsvorschriften über den Zugang von Angehöri-
gen dritter Staaten zum Hoheitsgebiet der Europäischen Gemeinschaft harmonisiert werden, zum Beispiel Ausländer-
recht, Visabestimmungen und Asylrecht,
– daß Waffenrecht und Drogengesetzgebung einander angeglichen werden.

● Mit einem gemeinsamen Einfuhrverbot für bestimmte Produkte kann ein sinnvoller Beitrag zur *Erhaltung bedrohter Tier-
arten* geleistet werden. Die einzelnen Länder können separat
keinen durchschlagskräftigen Importstop verhängen. Wenn jedoch der Europäische Markt insgesamt für Produkte, die aus be-
drohten Tieren hergestellt werden, ausfällt, vermag dies Wirkung zu zeigen. Ein Beispiel dafür ist das Einfuhrverbot für Ba-
byrobbenfelle, das auf Initiative des Europäischen Parlaments
ausgesprochen wurde.

● Erleichterungen im *kleinen Grenzverkehr* sind für die Bewohner grenznaher Gemeinden von herausgehobener Bedeutung.
Die Öffnung kleiner Grenzübergänge „rund um die Uhr" sowie
die Widmung neuer grenzüberschreitender Rad- und Wanderwe-
ge sollten den Kontakt der Bevölkerung diesseits und jenseits
der Grenze verstärken.

Das Weißbuch der Kommission hat einen konkreten Zeitplan
vorgeschlagen, wonach der offene europäische Binnenmarkt bis
1992 verwirklicht werden soll. Ich bin zuversichtlich, daß in den
nächsten Jahren bei den Personenkontrollen der Durchbruch erzielt werden kann. Der in Gang gekommene Gärungs- und Klä-
rungsprozeß läßt sich in Anlehnung an einen von Goethe ge-
wählten bildhaften Vergleich beschreiben: Wenn sich der Most
(der nationalen Vorbehalte) auch ganz absurd gebärdet, es gibt
zuletzt doch einen guten (europäischen) Wein!

Zweites Kapitel
Der Gemeinsame Markt –
Trumpfkarte für einen dauerhaften Aufschwung

Mehr als 30 Milliarden Mark muß die europäische Wirtschaft Jahr für Jahr aufwenden, um Grenzparcours und Handelshemmnisse zu überwinden. Allein die Wartezeiten für Lastkraftwagen schlagen mit mehr als 2 Milliarden DM zu Buche. Diese Zahlen überraschten bei ihrer Veröffentlichung sogar die Wirtschaft. Manchem Unternehmer ging es wie dem Bauern bei Wilhelm Busch: „Und verwundert steht und spricht er: Zapperment! Dat Ding werd lichter!" Bei der Verwirklichung des europäischen Binnenmarktes könnten in Zukunft jährlich Milliardenbeträge eingespart werden.

Da liegt Europa. Wie sieht es aus?
Wie ein bunt angestrichenes Irrenhaus.
Die Nationen schuften auf Rekord:
Export! Export!
Die anderen! Die anderen sollen kaufen!
Die anderen sollen Weine saufen!
Die anderen sollen Schiffe heuern!
Die anderen sollen die Kohlen verfeuern!
Wir?
Zollhaus, Grenzpfahl und Einfuhrschein:
Wir lassen nicht das Geringste herein. "

Diese Verse klingen wie das Bekenntnis eines Europamüden unserer Tage; in Wirklichkeit handelt es sich um eine Passage aus dem Gedicht „Europa" von Kurt Tucholsky, eine im Jahre 1932 während der Weltwirtschaftskrise verfaßte Parodie auf den Protektionismus. Ist der Protektionismus den Menschheitsproblemen zuzuordnen, die nach Meinung Tucholskys nicht gelöst, sondern von einer gelangweilten Menschheit liegengelassen werden? Welche Leistungen hat hier die Europäische Gemeinschaft vorzuweisen und welcher Beitrag zu einem wirtschaftlichen Wiederaufschwung in Europa kann ihr zugetraut werden? In einer Zeit des weltwirtschaftlichen Umbruchs, der durch die Stichworte Knappheit von lebenswichtigen Ressourcen, Grenzen der Belastbarkeit der Umwelt, neue industrielle Revolution im Zeichen umwälzender Technologien sowie das Nord-Süd Gefälle gekennzeichnet wird, stellt sich in aller Schärfe die Frage, wie die Weichen für die Zukunft gestellt werden. Ist es erfolgversprechend, auf die protektionistische Karte zu setzen und die Probleme im nationalen Alleingang lösen zu wollen, oder müssen wir in Europa unsere Kräfte zusammenfassen, um gemeinsam eine Ankurbelung der Wirtschaft und den Abbau der Arbeitslosigkeit zu bewirken?

13 Millionen Arbeitslose in den zehn Ländern der EG haben einen Anspruch darauf, daß alle Entscheidungsträger in Politik und Wirtschaft auf allen Ebenen, von den Gemeinden über die Regionen und Staaten bis hinauf zur Europäischen Gemeinschaft einen angemessenen Beitrag leisten. Die vorliegende Un-

tersuchung zielt vor allem darauf ab, darzulegen, daß durch die Verwirklichung des EG-Binnenmarktes, das heißt den schrittweisen Ausbau der vier Freiheiten des Personen-, Waren-, Dienstleistungs- und Kapitalverkehrs, bislang gebremste Auftriebskräfte freigesetzt werden. Die Grundthese lautet also: Der Gemeinsame Markt ist die Startrampe für einen Aufschwung in Europa!

Binnenmarkt: Die Europäische Waffe gegen Arbeitslosigkeit

Bevor wir eine Analyse der gegenwärtigen Situation und der erforderlichen Maßnahmen vornehmen, erfolgt ein Hinweis auf den rechtlichen Rahmen, in dem sich die wirtschaftspolitische Diskussion bewegt. Der Aufgabenkreis, der sich freilich durch die Veränderung der wirtschaftlichen Lage seit der Errichtung der Gemeinschaft gewandelt hat, wird in Artikel 2 des EWG-Vertrages wie folgt beschrieben:

„Aufgabe der Gemeinschaft ist es, durch die Errichtung eines Gemeinsamen Marktes und die schrittweise Annäherung der Wirtschaftspolitik der Mitgliedstaaten eine harmonische Entwicklung des Wirtschaftslebens innerhalb der Gemeinschaft, eine beständige und ausgewogene Wirtschaftsausweitung, eine größere Stabilität, eine beschleunigte Hebung der Lebenshaltung und engere Beziehungen zwischen den Staaten zu fördern, die in dieser Gemeinschaft zusammengeschlossen sind."

Die sechs Gründerstaaten haben damit der Gemeinschaft das Ziel gesetzt, einen Gemeinsamen Markt zu errichten, also einen Wirtschaftsraum, in dem Waren und andere Leistungen im Rahmen einer einheitlichen Wettbewerbsordnung frei zirkulieren können. Sein Kernstück ist eine Zollunion, die auch das Verbot umfaßt, zwischen den Mitgliedstaaten Ein- und Ausfuhrzölle zu erheben. Das Gegenstück dazu ist die Einführung eines gemeinsamen Zolltarifs gegenüber dritten Ländern. Der Abbau der Zollgrenzen wird ergänzt durch das Verbot sonstiger, von staatlichen Stellen ausgehenden Beschränkungen des innergemeinschaftlichen Warenverkehrs, nämlich der mengenmäßigen Beschränkung und der Maßnahmen gleicher Wirkung, die als sogenannte nichttarifäre Handelshemmnisse bezeichnet werden, der diskriminierenden innerstaatlichen Abgaben und der diskriminierenden Praktiken staatlicher Handelsmonopole. Im Verhältnis zu Drittstaaten wird die Einführung eines gemeinsamen Zolltarifs ergänzt durch die Vorschriften über die gemeinsame Handelspolitik, die es insbesondere erlauben, die Politik der Mitgliedstaaten gegenüber Staaten, die nicht der Gemeinschaft angehören, auf dem Gebiet der Kontingente zu vereinheitlichen.

Wenn wir die im EWG-Vertrag anvisierten Ziele mit der heutigen Lage vergleichen, müssen wir feststellen, daß wir auf halbem Wege steckengeblieben sind. Auf der positiven Seite der Bilanz ist zu verbuchen, daß der Plan, Einfuhrzölle und mengenmäßige Beschränkungen bis zum 31.12.1969 in drei Stufen abzubauen und zugleich den gemeinsamen Zolltarif einzuführen im Schwung der Anfangsjahre schon vorzeitig, nämlich am 1.7.1968 in die Tat umgesetzt war. Das wirkte sich nachweisbar belebend auf den innergemeinschaftlichen Warenhandel aus. Der deutsche Export in die übrigen EG-Staaten ist zwischen 1958 und 1985 um das 19fache auf über 276 Milliarden DM hochgeschnellt! Die Steigerungsrate beträgt demgegenüber beim übrigen Export nur das 13fache. Der EG-interne Austausch von Gütern und Dienstleistungen ist von einem Drittel des gesamten Außenhandels der Mitgliedstaaten im Jahr 1958 auf inzwischen mehr als die Hälfte gestiegen. In einem exportorientierten Land wie der Bundesrepublik Deutschland bedeutet dies, daß jeder siebente Arbeitsplatz unmittelbar vom Export in die EG-Nachbarstaaten abhängt. So kann es nicht verwundern, daß sich unter den sechs größten Handelspartnern der Bundesrepublik Deutschland fünf EG-Partnerländer befinden. Aus der Handelsbilanz von 1984 geht hervor, daß Frankreich bei der deutschen Ausfuhr mit 61 Milliarden Mark Spitzenreiter ist, gefolgt von den USA mit 47 Milliarden. Auf den nächsten Plätzen rangieren die Niederlande (42 Mrd.), Großbritannien (41 Mrd.), Italien (38 Mrd.) sowie Belgien und Luxemburg (34 Mrd.). Diese Zahlen belegen deutlicher als wortreiche Ausführungen, daß das Abschotten der Märkte durch Grenzbarrieren und das Drehen an der protektionistischen Schraube Tausende von Arbeitsplätzen aufs Spiel setzen würde. Umgekehrt ist ein freier Warenverkehr eine wirksame Waffe zur Erhaltung und Schaffung von Arbeitsplätzen. Ein weiterer − in der Öffentlichkeit weitgehend übersehener − Pluspunkt ist darin zu sehen, daß zwar im Verlauf der tiefgreifenden Rezession der zurückliegenden Jahre der protektionistische Druck gewachsen ist und viele Versuche unternommen wurden, die ausländische Konkurrenz durch eine „Politik der Nadelstiche" zu schwächen, aber aufs Ganze gesehen, haben die Dämme gehalten. Ein Beispiel dafür bietet die französische Politik. Die Regierung Mitterrand startete in ihrer Frühphase ein „Programm zur Wiedereroberung des eigenen Marktes", wobei als Importbremse auch offene und versteckte Verstöße gegen die Spielregeln des Gemeinsamen Marktes einkalkuliert waren. Anstatt der erwarteten Eskalation, die einen Handelskrieg mit den Nachbarn heraufbeschworen hätte, vollzog Mitterrand einen wirtschaftspolitischen Kurswechsel, der es Frankreich erlaubte, von weiteren protektionistischen Exzessen abzusehen und Mitglied des europäischen Wirtschaft- und Währungsverbundes zu bleiben. Das schiefe Bild der Gemeinschaft in der Öffentlichkeit läßt sich nur geraderücken, wenn nicht nur das Versagen, sondern daneben auch die Errungenschaften zu Kenntnis genommen werden und in ein ausgewogenes Urteil einfließen.

Der Zoll ist tot − es lebe das Handelshemmnis!

Ansatzpunkte für den Willen zur Veränderung sind jedoch die Rückschläge, die den Aufbau des Binnenmarktes seit den siebziger Jahren verzögert, bisweilen gar gefährdet haben. Wenn die Zollmauern innerhalb der Gemeinschaft auch im Jahre 1968 abgeschafft wurden, so gibt es nach wie vor Zollbeamte, Grenzübergangsstellen und Kontrollen. Auch ohne Zölle wuchert dort ein undurchdringlicher Paragraphendschungel, der den freien Verkehr behindert. Hier ein paar Punkte aus der Check-Liste des Zolls: Abwicklung der Einfuhrumsatzsteuer, Erhebung statistischer Daten, Währungsausgleich für Agrarprodukte, Verbrauchssteuern auf Mineralöl, Tabak und Alkohol, tierärztliche und sonstige Sanitärkontrollen, Überprüfung von technischen Zulassungsvoraussetzungen, die immer noch national bestimmt werden. In der Regel geschieht dies in der Form technischer Normen, die damit gegenüber Importwaren häufig wie unsichtbare Schlagbäume wirken. „Die Zölle sind tot − es leben die administrativen und technischen Handelshemmnisse!" Dieser ironische Stoßseufzer aus Wirtschaftskreisen signalisiert fast eine nostalgische Sehnsucht nach der „guten alten Zeit der Zölle", in der alles einfacher und berechenbarer gewesen sei. Die Unberechenbarkeit wird noch dadurch gesteigert, daß einige Mitgliedstaaten vor dem ungenierten Griff in die „protektionistische Trickkiste" nicht zurückschrecken, auch wenn damit gegen geltendes Recht verstoßen wird. Ein Indikator dafür ist die sprunghaft gestiegene Zahl der Rügen der EG-Kommission wegen Verletzung des EWG-Vertrags. Die Zahl der Verfahren nach 169 EWG-Vertrag ist von 50 im Jahre 1970 auf 240 im Jahre 1983 gestiegen. Diese Zahl ist zwar nicht auf den Binnenmarkt beschränkt, spiegelt aber den gestiegenen Egoismus fast aller Mitgliedstaaten wider.

Aus der Fülle der Belege für den Einfallsreichtum bei marktabschottenden Maßnahmen sei hier nur die sogenannte Poitiers-Schikane herausgegriffen. Durch die Verlagerung sämtlicher Zollabfertigungen für Video-Rekorder aus Drittländern, nämlich aus Japan, in das innerfranzösische Städtchen Poitiers, in dem sich obendrein nur ein einziger Zöllner mit den Geräten beschäftigte, wurde der Import über Monate hinaus praktisch lahmgelegt – eine verbotene mengenmäßige Beschränkung durch die Hintertür.

Im Anschluß an diese ambivalente Bilanz drängt sich unter politisch-strategischem Blickwinkel die Frage auf: Ist der Zeitpunkt günstig, um auf dem Weg zum Binnenmarkt ein neues Signal zum Aufbruch zu geben? In der öffentlichen Meinung überwiegt eine no-future Stimmung. Unter der Überschrift: „Eine Zukunft voller Dornen" brachte der Brüsseler Korrespondent Heinz Stadlmann am 20. März 1982 zum 25sten Jahrestag der Gründung der Europäischen Gemeinschaft in der Zeitung, hinter der angeblich bekanntermaßen fast immer ein kluger Kopf steckt, seine Zweifel zu Papier: „An der Schwelle zum zweiten Vierteljahrhundert ist kein Zweifel mehr, daß die Gemeinschaft im ursprünglichen Sinne ihrer Gründerväter die Zukunft schon hinter sich hat. Von weiterer Integration ist nicht mehr ernsthaft die Rede, und alle Belebungsversuche von Wirtschafts-, Währungs- und anderen Unionen, unter welchem Namen auch immer, stoßen auf das milde Lächeln der Kenner des Alltags-Europas."

Die Mehrzahl der Europaabgeordneten hat sich ungeachtet des journalistischen Kennerlächelns an die Arbeit gemacht. Der Ausbau des Binnenmarktes hat sich von einem vor wenigen Jahren noch vernachlässigten Randthema zu einer Priorität des Parlaments entwickelt. Der Zeitpunkt erscheint aus mehreren Gründen günstig gewählt. Zum einen erkennen die Staatchefs in Europa, daß es den Vereinigten Staaten und Japan, die über einen großen Binnenmarkt verfügen, schneller gelungen ist, aus der wirtschaftlichen Talsohle herauszufinden und neue Arbeitsplätze zu schaffen. Zum anderen ist die Unterstützung in der Öffentlichkeit beträchtlich gestiegen. Als Wendemarke im öffentlichen Bewußtsein kann die Fernfahrer-Blockade am Brenner-Paß bezeichnet werden.

Der Brenner, den täglich etwa 3 000 Lastzüge passieren und an dem es Wartezeiten bis zu 16 Stunden gibt, ist in puncto Grenzkontrollen zu einem Dauer-Brenner geworden. Der Präsident der Internationalen Straßentransportunion Georg Ziffer hat nachdrücklich darauf hingewiesen, daß es nicht an den technischen Möglichkeiten, sondern nur am politischen Willen mangelt, um die Hindernisse zu reduzieren, oder in den meisten Fällen sogar abzuschaffen. Eine Verbindung zwischen energischen Aktionen der Betroffenen, einer aufmerksamen Öffentlichkeit und der detaillierten Sacharbeit von europäischem Parlament und Kommission müßte in der Lage sein, den Ministerrat zu Entscheidungen zu drängen. Erhöhte Chancen für die Verwirklichung des Binnenmarktes bietet die „Einheitliche Europäische Akte", weil sie das Anwendungsfeld für Mehrheitsbeschlüsse des Rates erweitert.

Eine Parallele aus der Vorgeschichte des 1834 gegründeten Deutschen Zollvereins zeigt, daß keineswegs immer die Voraussagen der Skeptiker gegen wirtschaftliche und politische Zusammenschlüsse eingetroffen sind. Auf einer Sitzung der Wiener Ministerialkonferenz vom 11. Mai 1820 gab Fürst Metternich zu Protokoll, daß ein allgemeines deutsches Handelssystem und eine die gesamten Bundesstaaten umfassende Handelsgesetzgebung wohl als fromme Wünsche zu betrachten seien. In Wirklichkeit müsse es jeder Regierung überlassen bleiben, auf praktischem Wege durch freie Bindung und Vereinbarungen mit ihren

Nachbarn das Mögliche zu erreichen. Der Realpolitiker Metternich, der die Überwindung der Kleinstaaterei in die Kategorie der frommen Wünsche einordnete, wurde von der Geschichte widerlegt. In diesem Falle hat der liberale Professor der Nationalökonomie Friedrich List, einer der wichtigsten Wegbereiter des Deutschen Zollvereins, Recht behalten. Lists Diagnose des damaligen zersplitterten deutschen Marktes läßt sich auch auf den heutigen europäischen Binnenmarkt übertragen: „Er ist wie ein Körper, dessen einzelne Glieder wie mit Bändern voneinander abgeschnürt sind, so daß die Blutzirkulation nicht funktionieren kann."

Der Milliarden-Joker oder die Kosten des „Nicht-Europa"

Wenn die Rede aufs Geld kommt, oder genauer: auf das Kosten-Nutzen-Verhältnis der deutschen Mitgliedschaft in der EG, dann orientiert sich die Meinungsbildung in der Öffentlichkeit seltsamerweise nicht rational an den wichtigsten Bestimmungsfaktoren, sondern folgt Jahr für Jahr spurtreu einem bereits ritualisierten Vorurteil. Immer wenn der sogenannte Nettobeitrag für das jeweilige Haushaltsjahr errechnet wird, wird mit Hilfe der „Zahlmeister-Theorie" dem deutschen Publikum suggeriert, daß die Gemeinschaft aus Bonner Sicht als Zuschußbetrieb zu betrachten sei.

Wer indes bereit ist, über den Brillenrand dieses Vorurteils hinauszublicken, wird ohne Mühe feststellen, daß die Vorteile, die ein Mitgliedstaat aus seiner Zugehörigkeit zur Europäischen Gemeinschaft zieht, sich nicht allein aus Haushaltsrechnungen bemessen lassen. Andere Faktoren müssen ebenso berücksichtigt werden. Sie können sogar wichtiger sein als die Zahlen, die im Gemeinschaftshaushalt stehen. Den Schlüssel zu einer neuen Bilanz der EG-Mitgliedschaft bietet der Binnenmarkt. Zur alten Frage: „Was kostet Europa?" tritt eine neue hinzu: „Was kostet das ‚Nicht-Europa'?" Welches sind die Kosten der unerfüllten Freiheiten des Binnenmarktes? Oder umgekehrt: Welcher Spareffekt wäre zu erzielen, wenn der „Raum ohne Binnengrenzen" vollständig verwirklicht wird? Nachfolgend die wichtigsten Aspekte:

● **Der teure Grenzparcours.** Die Verwaltungsbeamten und Politiker, die sich mit den Grenzbarrieren in Europa längst abgefunden hatten, wurden von Europaabgeordneten im Jahre 1981 jäh aus ihrem politischen Dornröschenschlaf geweckt. Einige Parlamentarier kämpften sich im Berechnen mit den Industrie- und Handelskammern durch das Rankwerk von Paragraphen und untersuchten die Kostenbelastung für die Wirtschaft. Das erstaunliche Resultat:

30 Milliarden Mark muß die europäische Wirtschaft pro anno aufwenden, um den Grenzparcours zu überwinden. Das entspricht ca. 5 % der Umsätze im innergemeinschaftlichen Warenverkehr.

Dieser Betrag, der an die Größenordnung des gesamten EG-Agrarhaushalts heranreicht, setzt sich aus Verwaltungsaufwand (es müssen Formulare ausgefüllt, Dokumente hergestellt, technische Prüfungen vorgenommen werden), Wartezeiten, Verzögerungen, Verspätungen, Behördengängen und dergleichen Imponderabilien mehr zusammen. Wie sehr der Streik der LKW-Fahrer wegen der zögerlichen Abfertigungsprozedur berechtigt ist, läßt sich auch hier ablesen: Die Wartezeiten der LKW liegen im europaweiten Durchschnitt bei einer Stunde und zwanzig Minuten. Zwar sind diese in außenhandelsorientierten Ländern wie den Niederlanden und Deutschland wesentlich kürzer, in Deutschland ca. 20 Minuten im Schnitt bei der Einreise. An der italienischen Grenze müssen die LKW demgegenüber heute noch mit 6 bis 8 Stunden Aufenthalt rechnen. Insgesamt verursachen allein die Wartezeiten an den Grenzen der EG-Mitgliedstaaten Unkosten in der Größenordnung von etwa 2 Milliarden DM. Die 30-Milliarden-Grenze dürfte sich inzwischen erheblich nach oben bewegt haben. Denn der Handel innerhalb der EG hat sich von 308 Mrd. ECU im Jahre 1982 auf 426 Mrd. ECU im Jahre 1985 erhöht.

● **Der Hoflieferanten-Malus.** 90 Milliarden Mark könnten jährlich gespart werden, wenn durch konsequente europaweite Ausschreibungen nationale „Hoflieferanten" den Steuer- und Gebührenzahlern nicht mehr in die Tasche greifen könnten. In einer am 30. Juni 1983 vorgelegten Expertenstudie für das

Europäische Parlament, in der „Wege für einen dauerhaften Aufschwung der europäischen Wirtschaft in den achtziger Jahren" aufgezeigt werden, weisen die Autoren James Ball und Michel Albert darauf hin, daß die öffentlichen Hände in den EG-Staaten, allen voran die Verteidigungs- und Postministerien, zu den Hauptkunden technologischer Spitzenprodukte gehören. Hier finden indes keine europaweiten Ausschreibungen statt, vielmehr beschränkt sich die nationale Verwaltung auf einheimische Lieferfirmen; Anbieter aus anderen Mitgliedstaaten der Gemeinschaft kommen praktisch nicht zum Zuge. Wenn demgegenüber die Begrenzung auf nationale Teilmärkte aufgegeben und die Dimension des europäischen Marktes ausgenützt würde, könnten größere Serien hergestellt und der Wettbewerb verschärft werden. Den Wert dieser nicht realisierten Einsparung beziffern die genannten Experten mit 10 % des Beschaffungspreises. Für diese europäische Unterlassungssünde opfern wir also 90 Milliarden Mark auf dem Altar nationaler Vorbehalte!

● **Der Wechsel-Tribut.** Um 5 Milliarden Mark wird die Brieftasche von Handel, Gewerbe und Verbrauchern durch das Wechseln von Währungen erleichtert. Diesen Tribut fordert das Versäumnis, eine gemeinsame Europäische Währung zu schaffen. Dabei ist noch nicht mitgerechnet, daß die durch Wechselkursschwankungen verursachte Unsicherheit bisweilen Investitionen verhindert.

Oscar Wilde schrieb einmal, mit Zahlen könne man alles beweisen – sogar die Wahrheit. Die hier genannten Summen in der Größenordnung von 125 Milliarden Mark spiegeln in der Tat eine grundlegende Wahrheit wider: von der zielstrebigen Öffnung des europäischen Marktes, insbesondere im Bereich der Zukunftstechnologien, können wesentliche Impulse zur Verbesserung der Wettbewerbsfähigkeit unserer Unternehmen und zur Belebung der Konjunktur ausgehen.

● **Der Binnenmarkt-Bonus.** Aus der Kasse des Bundesfinanzministers in Deutschland fließen nicht nur Beiträge in Richtung Europa ab, etwa in Form des Nettobeitrags in Höhe von 7 bis 8 Mrd. DM jährlich. Es fließen vielmehr – und das ist bislang übersehen worden – Beiträge aus Europa in die nationalen Haushalte zurück, die im Falle der Bundesrepublik Deutschland den Nettobeitrag übertreffen, auf jeden Fall kompensieren. Über welchen Kanal fließen diese Mittel? Der Binnenmarkt – obgleich noch nicht voll funktionsgültig – hat zu folgender Entwicklung geführt: Der innergemeinschaftliche Handel hat sich überdurchschnittlich entwickelt und zwar fast ein Drittel mehr als der allgemeine Welthandel. Die EG hilft den Mitgliedstaaten, ihren Außenhandel auszuweiten, ihre Wettbewerbsfähigkeit zu verbessern, ihre Industrieproduktion zu steigern und damit ihre wirtschaftliche Leistungsfähigkeit im internationalen Vergleich zu erhöhen.

Diese Vorteile schlagen sich auch einnahmemäßig nieder. Sie sind sicher nicht in allen Einzelheiten zu quantifizieren. Immerhin ergibt jedoch eine Annäherungsrechnung, daß schon allein die überdurchschnittliche Zuwachsrate der deutschen Ausfuhren (also ohne Berücksichtigung der Einfuhrseite) in die EG-Mitgliedsländer auch entsprechende zusätzliche Steuereinnahmen für die Bundesrepublik Deutschland mit sich bringt: Während die Ausfuhren weltweit von 42 Mrd. DM im Jahre 1958 auf über 537 Mrd. DM im Jahre 1985 gewachsen sind, sich also verdreizehnfacht haben, haben die Ausfuhren in die anderen Staaten der Gemeinschaft im gleichen Zeitraum von 14,5 Mrd. DM auf über 276 Mrd. im Jahre 1985 zugenommen, sind also im Jahre 1985 19mal so hoch gewesen wie im Jahre 1958.

Geht man vereinfacht von der Annahme aus, daß ohne die EG auch die Ausfuhren in die EG-Staaten sich nur im gleichen Maße vergrößert hätten wie die Weltausfuhr, hätte die Ausfuhr in die EG-Staaten im Jahre 1985 nur 185 Mrd. erreicht. Die darüberhinausgehende Zuwachsrate von 91 Mrd. DM im Jahre 1985 haben wir unserer Mitgliedschaft bei der EG zu verdanken.

Von diesen Ausfuhren in Höhe von 91 Mrd. DM hat der deutsche Fiskus auch Steuern eingenommen. 1985 hat unserer Steuerquote 23,8% des BSP betragen. Klammert man hier den Anteil der Umsatzsteuer (22,9% aller Steuereinnahmen) aus, weil die Ausfuhren nicht der USt unterliegen, so bleibt eine restliche Steuerquote von 18,35%.

Auf die zusätzliche Außenhandelszuwachsrate der deutschen EG-Ausfuhren in Höhe von 91 Mrd. DM bezogen, bedeutet dies zusätzliche Steuereinnahmen von 16,6 Mrd. DM. Ein Betrag, der sich gegenüber dem deutschen Nettobeitrag von 8,2 Mrd. DM durchaus sehen lassen kann.

Der deutsche Nettobeitrag 1985 ist zwar beachtlich, aber auch im Vergleich zu anderen Haushaltszahlen als durchaus sinnvolle Ausgabe anzusehen. Hierzu nur folgende drei Beispiele:

1. Im Vergleich zum öffentlichen Gesamthaushalt, der im Jahre 1985 ein Volumen von 603 Milliarden DM aufwies, erreichte der deutsche EG-Nettobeitrag nur 1,36 % unserer öffentlichen Ausgaben.

2. Die EG sichert uns jeden siebenten Arbeitsplatz. Trotzdem werden hierfür nur 10 % unserer Sozialausgaben (83,2 Milliarden DM) aufgewendet.

3. Die EG hat eine wichtige Friedens- und Sicherheitsfunktion; doch erreicht unser EG-Beitrag nur 16 % unserer nationalen Verteidigungsausgaben (1985: 50,8 Milliarden DM).

Dieser „Binnenmarkt-Bonus" verstärkt sich im Zuge der Verwirklichung eines Raumes ohne Grenzen in Europa noch erheblich. Wenn man den Nettobeitrag der Bundesrepublik, um den Jahr für Jahr erbittert gerungen wird, mit diesen Zahlen vergleicht, dann kann man sich des Eindrucks nicht erwehren, daß die Kontroversen über die Europapolitik auf Nebenschauplätzen ausgetragen werden. Es ist an der Zeit, daß sich die Aufmerksamkeit, die Diskussion und das Geschehen endlich am „Centre-Court" des Gemeinsamen Marktes abspielt. Fragen Sie, verehrter Leser, nicht nur, was Europa bisher gekostet hat, fragen Sie auch was es kostet, Europa nicht weiter auszubauen.

Keinesfalls darf jedoch außer acht gelassen werden, daß die wirtschaftlichen Auswirkungen der Fortschritte bei der Realisierung des europäischen Marktes erheblich weiter reichen als die direkten Kosten, die das Überschreiten der Grenzen mit sich bringt: Produktionskosten und Wettbewerbsfähigkeit, Preisniveau, Investitionen und folglich auch der Arbeitsmarkt werden entscheidend beeinflußt.

Daher hängt die Zukunft der nächsten Generation von der Entschlossenheit ab, mit der versucht wird, nach und nach die noch immer zahlreichen Hindernisse für den freien Verkehr innerhalb der Europäischen Gemeinschaft auszubauen. Dies erfordert politische Entscheidungen, wobei unsere führenden Politiker sich der Tatsache bewußt sein müßten, daß ein Ausbleiben dieser Entscheidungen die Zukunft der nächsten Generation schwer belasten wird.

Der Europäische Binnenmarkt ist weit mehr als eine Trumpfkarte, mit der in der Wirtschaftspolitik der eine oder andere Stich gemacht wird — er ist der spielentscheidende „Milliarden-Joker" für einen dauerhaften Aufschwung in Europa bis hin zum Jahr 2000.

Formularkrieg auf dem Rücken des kleinen Unternehmers

Die Hindernisse an den Binnengrenzen der Gemeinschaft sind besonders nachteilig für die kleinen und mittleren Unternehmen, denen bei der Innovation, der Wirtschaftsentwicklung und für die Beschäftigung eine zentrale Bedeutung zukommt. Wir registrierten mit Sorge, daß der immer dichter werdende Paragraphen-Dschungel an der Grenze eine Art Zwei-Klassen-Gesellschaft entstehen läßt. Während die Großunternehmen über Infrastruktur und Personal verfügen, um bei eiligen und komplizierten Transporten rasch eine Bresche zu schlagen, geraten kleinere Unternehmen häufig ins Hintertreffen. Wenn beispielsweise bestimmte Waren innerhalb von 24 Stunden von Paris nach Stuttgart befördert werden müssen, dann sind große Unternehmen aufgrund ihres Know-hows, ihres Personals sowie der Infrastruktur, über die sie verfügen, in der Lage, in dieser kurzen Zeit die Barrieren der innergemeinschaftlichen Grenzen zu überwinden, die kleinen Unternehmen aber nicht. Es wirft ein bezeichnendes Licht auf die Lage, daß sich viele einem speziellen Grenzspediteur wie einem Scout in unwegsamem Gelände anvertrauen müssen. Für die Großunternehmen, die sehr häufig Filialen in den einzelnen Mitgliedstaaten unterhalten, bringen die Hindernisse im grenzüberschreitenden Verkehr zusätzliche Kosten und einen Wettbewerbsnachteil gegenüber ihren Konkurrenten auf dem Weltmarkt mit sich. Für die kleineren und mittleren Unternehmen erweisen sich die Grenzhindernisse jedoch häufig als gänzlich unüberwindbar, und sie verwehren ihnen den Zugang zum Gemeinsamen Markt in seiner Gesamtheit. In der Wirtschaftskrise können gerade die kleinen Industrie- und Handwerksunternehmen einen bedeutenden Beitrag zur Schaffung von Arbeitsplätzen leisten, der weit über den Beitrag der einzelstaatlichen Verwaltungen und der großen Unternehmen hinausgeht. Die hauptsächliche wettbewerbsverzerrende Komponente der bestehenden Handelshemmnisse besteht darin, daß die Großen lediglich etwas abgebremst, die Kleinen hingegen regelrecht ausgebremst werden. Vor diesem Hintergrund wird deutlich, daß der Kampf gegen Handelsschranken ein zentrales Element europäischer Wirtschaftspolitik darstellt.

Um die These zu unterstreichen, daß auch im Formularkrieg gewissermaßen „Abrüstungsgespräche" angebracht wären, sollen in der nachfolgenden Tabelle (siehe Seite 40) alle Dokumente aufgezählt werden, die verlangt werden, wenn ein Sattelschlepper von Deutschland nach Italien fährt.

Vorschriftenflut: die Norm bremst enorm

Der Weg zum Protektionismus in Europa ist keineswegs nur mit gezielt marktabschottenden Maßnahmen, sondern auch mit guten Absichten gepflastert. Vorschriften und Normen für die Herstellung von Waren und Lebensmitteln werden häufig aus durchaus ehrenwerten Motiven erlassen, zum Beispiel Verbraucher-, Gesundheits- und Umweltschutz, und erfassen einheimische wie ausländische Waren gleichermaßen. Die Kehrseite der Medaille: die von Land zu Land unterschiedlichen Normen wirken gegenüber Konkurrenzprodukten aus dem europäischen Ausland als technische Handelshemmnisse. Die Hersteller werden gezwungen, ihre Produkte in unterschiedlichen Varianten auf den Markt zu bringen, was die Produktionskosten steigert. Die Nebenwirkung der gutgemeinten Norm: sie bremst die Einfuhr enorm. Dabei wird das Paragraphen-Netz ständig enger geknüpft, so daß sich selbst Experten zunehmend darin verfangen. Allein in der Bundesrepublik Deutschland gibt es mehr als 20 000 DIN-Normen und jedes Jahr kommen weitere 1 500 hinzu. Gesetze, Verordnungen und Verwaltungsrichlinien tun ein übriges dazu. Zur Veranschaulichung ein paar Beispiele:

● Ein ausländischer Hersteller von Rasierschaum konnte sein Produkt auf dem deutschen Markt nicht verkaufen, denn er

Checkliste für den Grenzübertritt

Diese Liste stammt von der italienischen Straßentransportunion und betrifft den Transit durch Deutschland-Österreich-Italien.

Für den Fahrer:

1. Personalausweis.
2. Führerschein (manchmal internationaler Führerschein).
3. Bargelddeklaration.
4. Log-Buch.
5. Fahrtenschreiber-Scheiben.
6. ADR-Ausbildungszeugnis (falls notwendig).

Für die Waren:

1. CMR-Frachtbrief.
2. T2-Dokument in vierfacher Ausfertigung mit einer zusätzlichen Kopie von Seite 2 für den italienischen Zoll am Brenner.
3. T5-Dokument (Subvention für landwirtschaftliche Produkte).
4. Österreichische Stempel-Steuer.
5. Pro-Forma-Rechnung.
6. Lieferschein.
7. Tierärztliche Zeugnisse (für den Transport von Fleisch und lebenden Tieren) entsprechend den EG-Verordnungen 64/433 vom Juni 1964.
8. Statistische Formulare für die BR Deutschland.
9. Statistische Formulare für Österreich.
10. Bilaterale Transportgenehmigungen für Östereich und Italien.
11. „Avis de passage".
12. Passagierliste für die Zollstationen in Kiefersfelden und am Brenner.

Für das Fahrzeug:

1. Nationale Zulassung für die Zugmaschine.
2. Nationale Zulassung für den Auflieger.
3. Internationale Zulassung für die Zugmaschine.
4. Internationale Zulassung für den Auflieger.
5. Grüne Versicherungskarte für die Zugmaschine.
6. Grüne Versicherungskarte für den Auflieger.
7. Untersuchungszertifikat Teil A für die Zugmaschine.
8. Untersuchungszertifikat Teil B für die Zugmaschine.
9. Untersuchungszertifikat Teil A für den Auflieger.
10. Untersuchungszertifikat Teil B für den Auflieger.
11. ADR-Zertifikat für die Zugmaschine.
12. ADR-Zertifikat für den Auflieger.
13. Testzertifikat zum Tankdruck (ADR).
14. Genehmigungszertifikat für die Zugmaschine.
15. Genehmigungszertifikat für den Auflieger.
16. Reinigungszertifikat für den Tank (ADR).
17. Fahrzeug-Passagierliste und Straßencarnet.
18. Dokument für den zeitweiligen Import des Fahrzeuges (falls notwendig)
19. Verpflichtungsurkunde gegenüber dem Zoll.
20. Fahrzeuggarantieurkunde (wenn notwendig).
21. Unfallmitteilungsformular (freiwillig).
22. TIR-Zertifikat (bei Versiegelung des Fahrzeuges).
23. Benzingutscheine für die BR Deutschland.
24. Benzingutscheine für Österreich.
25. Benzingutscheine für Italien.
26. Formulare für die Österreichische Straßensteuer
27. Zollcoupons für den Brenner-Paß.

wurde von der deutschen Kosmetikverordnung eingeseift. Die besagte Verordnung schreibt in der Tat vor, daß Seifen, die nicht zur Babypflege taugen, entsprechend kenntlich zu machen sind. Da Rasierschaum eine Seife im Sinne der Verordnung ist, zweifelte ein Ordnungsamt die Verkehrsfähigkeit des Produkts an. So führen bürokratische Seifenblasen den Verbraucherschutz ad absurdum.

● In den Genuß des französischen Aperitifs Kir kamen die deutschen Verbraucher nur mit Hilfe des Europäischen Gerichtshofs. Die deutschen Behörden verboten die Einfuhr des Likörs Cassis, weil er den gesetzlich vorgeschriebenen Mindestalkoholgehalt nicht erreichte. In einer richtungsweisenden Entscheidung, auf die später noch einzugehen ist, hat der Gerichtshof entschieden, daß das Einfuhrverbot nicht durch Gründe des Verbraucher- oder Gesundheitsschutzes gerechtfertigt sei, deshalb dürfe das in Frankreich rechtmäßig hergestellte Erzeugnis auch in allen anderen EG-Ländern verkauft werden.

● Die Fertigpackungsverordnung wurde für einen ausländischen Nähgarnhersteller zum unauflösbaren Fadengewirr, in dem er sich mit seiner Exportstrategie verheddert. Dieser findige Produzent hatte festgestellt, daß Frauen, die ihre Kleider selbst nähen, viel Garn verschwenden. Das Nähgarn des Röllchens wird nämlich meist nur für ein Kleid verwendet; der nichtgebrauchte Rest wird nach mehr oder minder langer Aufbewahrung weggeworfen. Als der Produzent passende und billigere Röllchen auf dem deutschen Markt absetzen wollte, mußte er feststellen, daß das verboten ist: vorgeschrieben ist nämlich eine Mindestlänge von 300 Metern Garn.

● Reichhaltiges Anschauungsmaterial für die Zersplitterung in nationale Teilmärkte bietet der Lebensmittelsektor. So dürfen zum Beispiel die bei Fruchtjoghurt verarbeiteten Kirschen in der Bundesrepublik Deutschland mit der Farbe von Roter Beete gefärbt werden, nicht aber Joghurt selbst. In Belgien ist es genau umgekehrt: dort dürfen die Kirschen nicht gefärbt werden, wohl aber der Joghurt. So ist es schon soweit gekommen, daß viele Hersteller der EG ihre Produkte in 12 Varianten auf den Markt bringen, um deren Verkaufsfähigkeit in allen EG-Staaten sicherzustellen. Der Europäische Gerichtshof hat in seinen jüngsten Urteilen deutlich gemacht, daß Importverbote zwischen Mitgliedsländern der Gemeinschaft nur dann eine Chance haben, wenn diese durch starke Argumente im Bereich des Schutzes von Gesundheit und Verbraucherschutz gestützt werden. In diesen Fällen kann nur eine Zulassung nach gemeinsamen Regeln oder ein europaweites Verbot die Gemeinsamkeit des Binnenmarktes sicherstellen.

● In den Bereichen Industrienormen, Sicherheitsvorschriften für Maschinen und Geräte sowie Materialanforderungen ist der Wald der technischen Vorschriften so dicht, daß auch Experten kaum noch in der Lage sind, die erforderlichen Breschen zu schlagen. Einen besonders interessanten Überblick über den schleichenden Protektionismus durch zunehmende technische Vorschriften findet sich im EG-Magazin vom Januar 1983, der hier nachfolgend aufgeführt wird.

Hindernisse, die keine Zölle sind

Wer in die Bundesrepublik exportieren will, muß wissen,

● daß es mehr als 20 000 deutsche Industrie-Normen gibt und „arbeitstäglich" sechs neue hinzukommen;

● daß der Katalog der technischen Normen allein für den Bereich Elektrotechnik 115 Seiten umfaßt;

● daß es mehr als 160 Rechtsvorschriften der gewerblichen Berufsgenossenschaften gibt;

● daß das Technische Regelwerk der landwirtschaftlichen Berufsgenossenschaften circa 170 Unfallverhütungsvorschriften, DIN-Normen, VDE-Normen, Prüfungsgrundsätze und dergleichen umfaßt;

● daß allein im Geräteschutzgesetz 81 amtlich anerkannte Prüfstellen aufgeführt sind;

● daß es im Bereich des Gas- und Wasserfachs 196 Arbeits- und Merkblätter, Hinweise sowie 173 DIN-Normen gibt;

- daß das Lebensmittelrecht über 400 Gesetze, Verordnungen, Richtlinien, Verwaltungsvorschriften und sonstige Bestimmungen hat;

- daß es elf, voneinander abweichende Bauordnungen der Bundesländer gibt und daß allein die Bauordung des Landes Nordrhein-Westfalen – ohne Verwaltungsvorschriften – mehr als 140 Seiten umfaßt;

- daß es mehr als 1 200 VDI-Richtlinien (Verein Deutscher Ingenieure) gibt.

Welche rechtlichen und tatsächlichen Handlungsmöglichkeiten stehen der Europäischen Gemeinschaft zu Gebote, um dieser Behinderung des Gemeinsamen Marktes, der wie einer Hydra ständig neue Köpfe in Gestalt von Handelshemmnissen wachsen, Einhalt zu gebieten? In der Praxis dominierte bislang das Instrument der Harmonisierung, das in Artikel 100 Absatz 1 des EWG-Vertrags seinen Ausgangspunkt hat. Danach erläßt der Rat Richtlinien für die Angleichung derjenigen Rechts- und Verwaltungsvorschriften der Mitgliedstaaten, die sich unmittelbar auf die Errichtung oder das Funktionieren des Gemeinsamen Marktes auswirken. Dies ist für viele nationale Rechts- und Verwaltungsvorschriften der nationalen Mitgliedstaaten der Fall, wird jedoch durch Artikel 3h des EWG-Vertrags rechtlich eingegrenzt. Danach umfaßt die Tätigkeit der Gemeinschaft die Angleichung der innerstaatlichen Rechtsvorschriften nur insoweit, als dies für das ordnungsgemäße Funktionieren des Gemeinsamen Marktes erforderlich ist. Die Harmonisierungsrichtlinien betreffen, wie der Name bereits nahelegt, die Verkehrsfähigkeit eines Produkts. Die Mehrzahl dieser Regelungen bezieht sich auf die Herstellung und die Vermarktung bzw. das In-Verkehr-Bringen eines Erzeugnisses. Die Gruppe der Anwendbarkeitsrichtlinien umfaßt sämtliche Vorschriften, die eine einheitliche Anwendung der Richtlinie in der gesamten Gemeinschaft sicherstellen sollen. Es handelt sich also in erster Linie um ein gemeinschaftliches Kontrollinstrument.
Die derzeitige Praxis bei der Harmonisierung nationaler techni-

scher Regelwerke auf europäischer Ebene weist zwei gravierende Mängel auf:
1. Die Harmonisierung dauert zu lange. Häufig gehen Jahre ins Land, bis eine Harmonisierungs-Richtlinie verabschiedet und korrekt in die nationale Gesetzgebung umgesetzt ist. Derzeit verschleppen die Mitgliedstaaten etwa in 250 Fällen das Verfahren. Kommt dann endlich die europäische Lösung, ist häufig ein neues Produkt am Markt. Das Verfahren gleicht deshalb häufig einem Wettlauf zwischen Hase und Igel.
2. Die Richtlinien sind häufig von technischen Details überfrachtet. Deswegen hat das Europäische Parlament zum Beispiel die sogenannte Spielzeugrichtlinie gestoppt. In bürokratischem Übereifer wurden Vorschriften über die Brennbarkeit von Nikolausbärten, die Belastbarkeit von Schaukelpferden, die Beschriftung von Wasserbällen („nur in seichtem Wasser verwenden") und ähnliche richtungsweisende Staatsakte erlassen. Wenn die Verantwortlichen in der EG-Kommission nicht die Sparte wechseln und von der Politik ins Kabarett umsatteln wollen, dann wird es höchste Zeit für neue Prioritäten. Politische Impulse und wirtschaftliche Antriebskräfte in Europa dürfen nicht länger durch bürokratische Tretminen behindert oder gar gefährdet werden.

Der „Wogau-Moreau-Plan": Zoll für Zoll vorwärts zur Wirtschaftsunion

Auf dem Weg zum Gemeinsamen Markt fährt das Europäische Parlament zweigleisig. Es hat sich einerseits für eine Politik der kleinen, praxisnahen Schritte ausgesprochen, andererseits langfristige Zielsetzungen nicht aus dem Auge verloren. Der hohe Stellenwert eines funktionierenden Binnenmarktes als Angelpunkt der europäischen Wirtschaftspolitik wird im parlamentarischen Modell einer Europäischen Verfassung, dem „Entwurf eines Vertrags zur Gründung der Europäischen Union" vom 14. Februar 1984 markiert. Artikel 47, der die Rubrik Wirtschaftspolitik anführt, lautet:
1. Die Union hat die ausschließliche Zuständigkeit, die Freizügigkeit der Personen und den freien Dienstleistungs-, Güter- und Kapitalverkehr in ihrem Hoheitsgebiet zu vollenden, zu

sichern und auszubauen; außerdem besitzt sie die ausschließliche Zuständigkeit im Bereich des Handels zwischen den Mitgliedstaaten.

2. Diese Liberalisierung erfolgt auf der Grundlage von präzisen und verbindlichen Programmen und Zeitplänen, die von der Legislative nach den Regeln des Gesetzgebungsverfahrens festgelegt werden. Die Kommission legt die Durchführungsbestimmungen für diese Programme fest.

3. Durch diese Programme muß die Union
   – innerhalb von zwei Jahren die Freizügigkeit für Personen und den freien Güterverkehr, was insbesondere die Abschaffung der Personenkontrollen an den Binnengrenzen umfaßt,
   – innerhalb von fünf Jahren den freien Dienstleistungsverkehr einschließlich des Bankwesens und aller Formen des Versicherungswesens,
   – innerhalb von zehn Jahren den freien Kapitalverkehr verwirklichen.

Das Schwergewicht der Aktivitäten des Europäischen Parlaments lag indes auf kleinen, dafür aber in absehbarer Zeit realisierbaren Vorschlägen. Als unausgesprochenes Leitmotiv klingt hier die aphoristische Bemerkung von Georg Christoph Lichtenberg an: „Die Neigung der Menschen, kleine Dinge für wichtig zu halten, hat sehr viel Großes hervorgebracht."

Bevor das inhaltliche Konzept in seinen Grundlinien vorgestellt wird, ein paar Bemerkungen zum ungewöhnlichen, neuartigen Vorgehen des Parlaments, das mit dem Stichwort „Schulterschluß zwischen europäischer und nationaler Volksvertretung" bezeichnet werden kann und sich gegen den schwerfälligen Ministerrat als Blockadebrechter bewährt hat. Das Präsidium des Europäischen Parlaments hat eine Delegation von sechs Mitgliedern des Ausschusses für Wirtschaft und Währung beauftragt, mit den nationalen Parlamenten und den zuständigen Behörden Kontakt aufzunehmen, um ihnen einige praktische Vorschläge zum Abbau von Bürokratie an der Grenze zu unterbreiten. Diese partei- und länderübergreifende Delegation wurde von dem französischen Sozialisten Jacques Moreau geleitet. Weitere Mitglieder waren: der Verfasser (Fraktion der Europäischen Volkspartei/Christlich Demokratische Fraktion), der britische Konservative Basil de Ferranti, der kommunistische Abgeordnete Leonardi, Robert Delorozoy (Liberale und Demokratische Fraktion) und der dänische Abgeordnete Kay Nyborg (Fraktion der Europäischen Demokraten für den Fortschritt). In den Hauptstädten der zehn Mitgliedstaaten wurden Gespräche geführt. Sie konzentrierten sich auf einige Vorschläge, die dazu beitragen sollen, daß kurzfristige Erleichterungen des innergemeinschaftlichen Reise- und Warenverkehrs realisiert werden. Die Erfahrungen der Delegation haben einmal mehr gezeigt, daß die direkte Besprechung klar umrissener Themenbereiche wesentlich effizienter ist, als die Versendung von Dokumenten. Einige der gemachten Vorschläge wurden inzwischen weitgehend realisiert. Das Europäische Parlament kann sich auf diese Weise ein besseres Bild von den Auswirkungen der Vorschläge machen und wird dadurch in die Lage versetzt, realistische Kompromißlösungen zu erarbeiten. Die Arbeit der Delegation in den Hauptstädten hat den Ausschuß für Wirtschaft und Währung veranlaßt, ein Treffen mit Vertretern der nationalen Parlamente aller Mitgliedstaaten über die Themen zu veranstalten, die anläßlich der Kontakte in den einzelnen Hauptstädten angesprochen wurden. Damit war der besagte parlamentarische Schulterschluß hergestellt. Die wesentlichen Ergebnisse dieser Gespräche wurden in dem nach den beiden Berichterstattern benannten Wogau-Moreau-Bericht über die Notwendigkeit der Verwirklichung des Europäischen Binnenmarktes vom März 1984 zusammengefaßt. Dieses Kompendium des Europäischen Binnenmarktes bildet auch die Grundlage für die nachfolgenden Vorschläge, die auf besonders wichtige Einzelpunkte konzentriert sind:

● Für eine Auslichtung des Vorschriften-Gestrüpps
   im Warenverkehr!
Bei einer Durchforstung des Paragraphenwaldes an den Binnengrenzen im Zuge der notwendigen Entbürokratisierung der Grenzkontrollen im Warenverkehr ist zunächst zu fordern, daß die Einfuhrumsatzsteuer, die ja kein Zoll, sondern eine Form der Mehrwertsteuer ist, ab sofort ins Landesinnere verlagert wird. Das bedeutet für die Bundesrepublik Deutschland, daß die entsprechenden Erhebungen nicht mehr von der Zollverwaltung,

sondern von den Finanzämtern im Zusammenhang mit anderen Steuererhebungen abgewickelt werden, wie bereits heute in den Benelux-Staaten. Das Europäische Parlament ist der Auffassung, daß die Verlegung der Mehrwertsteuererhebung auf eingeführte Waren ins Inland eine erhebliche Erleichterung der Grenzformalitäten mit sich bringt. Auf Drängen des Parlaments legte die EG-Kommission einen Vorschlag in Form der sogenannten Vierzehnten Mehrwertsteuerrichtlinie über den Zahlungsaufschub für die von den Steuerpflichtigen bei der Einfuhr geschuldete Steuer vor. Im Ministerrat ist dieser Vorschlag allerdings auf den Widerstand einiger Mitgliedstaaten gestoßen, weil einige der Finanzminister wegen der mit diesem Vorschlag verbundenen kurzfristigen Steuerstundung ein gewisses Maß an Einnahmeausfällen im Haushalt befürchten. Hierbei wird nicht daran gedacht, daß diese Einwände auf keinen Fall schwerer wiegen als die Vorteile für die europäische Wirtschaft, die für Grenzkontrollen teuer bezahlt. Außerdem würde der Entbürokratisierungseffekt, der dadurch herbeigeführt wird, daß künftig die Mehrwertsteuer im Zusammenhang mit Export- und Importgeschäften in einem Aufwasch beim Finanzamt abgewickelt wird, den Einnahmeverlust infolge der Stundung mehr als wettmachen. Um den Widerstand bei den Finanzministern zu brechen, die häufig die Beurteilung auf kurzfristige Kosten-Nutzen-Analysen beschränken, müßte eine Entscheidung auf höchster politischer Ebene getroffen werden. Zugleich könnte damit die Erhebung statistischer Daten über die Handelsströme innerhalb der Europäischen Gemeinschaft von den Grenzen weg verlagert werden. Was in den Benelux-Staaten schon seit einem Jahrzehnt in die Praxis umgesetzt ist, müßte auch für die Bundesrepublik Deutschland durchführbar sein.

● Für eine Ende des Formularkriegs!
Die unübersichtliche Anzahl von vielen unterschiedlichen Zolldokumenten, die häufig zu einem regelrechten Formularkrieg zwischen den Firmen und Fernfahrern einerseits und den Behörden andererseits führen, sollen durch ein einheitliches europäisches Handelsdokument abgelöst werden. Der Handel zwischen den Mitgliedstaaten wird in drei Etappen aufgeteilt: den Versand

oder die Ausfuhr, den gemeinschaftlichen Zollverkehr und schließlich den Verbrauch oder die Einfuhr. Für jede dieser Etappen gibt es ein Formular, was zweifellos eine Belastung für den Betroffenen darstellt. Manch betroffener Fernfahrer wird wissen, worum es geht, wenn er aus dem Autoradio das Lied von Reinhard Mey hört: „Wo krieg ich einen Antrag / zu Erteilung eines Antragformulars / zu Bestätigung der Richtigkeit / des Durchschlagexemplars!" Das geforderte Einheitsdokument beschränkt sich auf ein Minimum an Angaben. Dementsprechend wird es nicht sofort vollständig ausgefüllt, vielmehr trägt der Exporteur nur die für den Export benötigten Angaben ein, während die übrigen Angaben über den Transport, den gemeinschaftlichen Zollverkehr und den Import später eingesetzt werden. In die gleiche Richtung geht der Vorschlag, im gemeinschaftlichen Versandverfahren die Hinterlegung des Grenzübergangsscheins abzuschaffen. In diesem Bereich bestehen in den Benelux-Ländern seit vielen Jahren Vereinfachungen, die sich bewährt haben und deswegen auf die ganze Europäische Gemeinschaft übertragen werden müssen.

● Für eine beschleunigte Zollabfertigung!
Es ist nicht nur wichtig, daß die Vorschriften in ihrem Bestand ausgelichtet werden, sondern auch die Anwendung durch die Zollbehörden muß flexibler werden und in Zukunft mehr im europäischen Geiste erfolgen. Ebenso wie im Personenverkehr ist es auch im Warenverkehr vordringlich, daß von Routinekontrollen abgewichen wird und eine Beschränkung auf das Stichprobenprinzip erfolgt. Es muß alles getan werden, damit die Zollprozedur bürgerfreundlicher wird. Dazu gehören zum Beispiel folgende Punkte: die gegenseitige Anerkennung der von den zuständigen Behörden der Mitgliedstaaten durchgeführten Kontrollen und dabei ausgestellten Bescheinigungen und Zertifikate, die Öffnung wichtiger Grenzübergänge rund um die Uhr für den Warenverkehr, die Zusammenarbeit zwischen den kontrollierenden Dienststellen und den Benutzern der Grenzübergänge, die geeignete Ausstattung der Zollstationen und schließlich der Kontakt zwischen den Mitgliedstaaten bei Schwierigkeiten.

● Für eine gemeinschaftliche Zollbehörde in Europa!
Eine Öffnung der Binnengrenzen der Gemeinschaft ist nur dann
realisierbar, wenn gleichzeitig die Außengrenzen der Gemeinschaft verstärkt werden und überdies sichergestellt wird, daß an
diesen Außengrenzen auf gemeinschaftlicher Basis ein vergleichbarer Schutz gewährleistet wird. Die Bemühungen der Kommission, durch Ausbildung und befristete Abstellung von Zollbeamten in anderen Mitgliedstaaten das gegenseitige Vertrauen zwischen den nationalen Behörden herzustellen und zu vertiefen, ist
ein erster erfreulicher Schritt in Richtung der notwendigen Zusammenarbeit zwischen den verschiedenen nationalen Zollbehörden. Langfristig sollte versucht werden, die Zollbehörden der
Mitgliedstaaten allmählich zu einer gemeinschaftlichen Zollbehörde zusammenzuführen, deren ausschließliche Aufgabe im
Zollbereich es sein soll, den Warenverkehr mit Drittländern zu
kontrollieren.

● Für bessere Verkehrsverbindungen in Europa!
Gut funktionierende, durch grenzüberschreitende Zusammenarbeit aufeinander abgestimmte Verkehrsverbindungen sind ein
unabdingbares Element für das Funktionieren des Gemeinsamen
Marktes und für die Verwirklichung der Reisefreiheit der Bürger
in Europa. Die Tatsache, daß es immer noch festgesetzte Kontingente für den Straßengüterverkehr zwischen den Mitgliedstaaten gibt, läßt klar erkennen, daß in der gemeinschaftlichen Verkehrspolitik noch vieles im Argen liegt. Die Anwendung dieser
mengenmäßigen Beschränkungen hat außerdem eine Reihe von
Formalitäten und Kontrollen zur Folge, durch die der innergemeinschaftliche Warenverkehr beeinträchtigt wird. In einem
kürzlich vorgelegten Vorschlag tritt die Kommission für eine
Marktordnung ein, wobei der Marktmechanismus möglichst
freien Spielraum erhalten soll. In diesem Vorschlag ist ein all-
mählicher Abbau des geltenden Systems der Kontingentierung
vorgesehen, das nach einem Übergangszeitraum von fünf Jahren
durch ein System des Zugangs zum Markt ersetzt werden soll.
Angesichts der notorischen Untätigkeit des Ministerrates ist dem
Europäischen Parlament der Geduldsfaden gerissen, und es hat
deswegen Klage beim Europäischen Gerichtshof erhoben.

Durch dieses Verfahren sollten die Initiativen für eine verbesserte Verkehrspolitik zu Lande, zu Wasser und in der Luft neuen Antrieb erhalten.

● **Freiberuflern und Grenzarbeitnehmern Steine aus dem Weg räumen!**

Mit dem Aufbau des Binnenmarktes auf europäischer Ebene wird nicht das Ziel verfolgt, im großen Stil Völkerwanderungen von benachteiligten Regionen zu den großen Wirtschaftszentren auszulösen oder zu fördern, sondern er soll den Arbeitnehmern und freiberuflich Tätigen die Möglichkeit einräumen, ihre Tätigkeit da auszuüben, wo dies ihres Erachtens die meisten Vorteile mit sich bringt. In dieser Hinsicht sind die Vorschläge für die Anerkennung von Diplomen und Berufsabschlüssen besonders wichtig. Um die Mobilität der Grenzpendler zu erreichen, müssen Irritationen im Steuerrecht beseitigt werden. Am einfachsten wäre hier der Grundsatz, den Grenzarbeitnehmer an seinem Wohnort zu besteuern. Im Bereich der Versicherungen könnten durch eine Liberalisierung Vorteile für den Verbraucher erzielt werden. Während die Niederlassungsfreiheit in diesem Bereich seit einigen Jahren besteht, gibt es immer noch keine Freizügigkeit der Dienstleistungen. Der Wettbewerb zwischen den Versicherungsunternehmen wird die Entwicklung neuer Versicherungstechniken fördern und damit Vorteile für die Versicherten wie für die Versicherer mit sich bringen, die ihre Tätigkeiten grenzüberschreitend ausbauen wollen.

● **Für die Beseitigung von Handelshemmnissen durch einheitliche Normen!**

Insbesondere im Bereich der Spitzentechnologien verursachen die unterschiedlichen nationalen technischen Zulassungsregeln wichtige Handelshemmnisse. Hier läßt sich nur Abhilfe schaffen, wenn es gelingt, zu einer engeren Zusammenarbeit zwischen den Europäischen Normeninstituten zu kommen, die langfristig dazu führen sollte, daß die nationale Normensetzung durch eine europäische ersetzt wird. Die Ausrichtung einer solchen Politik würde folgende Elemente umfassen:

- Verpflichtung der Mitgliedstaaten, die Notwendigkeit der angewandten technischen Bestimmungen ständig zu prüfen und überflüssige oder unzweckmäßige Bestimmungen aufzuheben;
- Gegenseitige Anerkennung von Testergebnissen;
- Beratungen auf Gemeinschaftsebene, falls bestimmte nationale Vorschriften die Funktionsweise des Binnenmarkts stören.
- zunehmende Anwendung des Hinweises auf Normen,
- Intensivierung der Normung auf europäischer Ebene zur Erleichterung der Harmonisierung.

Ein erster Ansatzpunkt für eine europäische Normenpolitik wurde auf einer Tagung des für den Binnenmarkt zuständigen Ministerrats am 25. November 1983 geschaffen. Diesem Grundsatzbeschluß müssen jetzt weitere, konkrete Schritte folgen.

Das Verfahren der Harmonisierung technischer Zulassungsregeln gemäß Artikel 100 EWG-Vertrag sollte erheblich vereinfacht und einer Abmagerungskur hinsichtlich unnötiger technischer Details unterzogen werden. Wir haben es in der Vergangenheit immer wieder erlebt, daß die Kommission den Teufel nationaler Handelshemmnisse mit dem Beelzebub europäischer Richtlinienungetüme ausgetrieben hat, die zur Heiterkeit von Journalisten und ihrer Leser beitragen konnten, nicht aber zur Entbürokratisierung auf europäischer Ebene. Es sei hier nur an die wortreichen Richtlinien über die Verkehrsfähigkeit von Karamelbonbons, die Sicherheit von Kinderspielzeug und ähnliche Produkte bürokratischen Übereifers erinnert, mit denen der europäischen Sache regelmäßig ein Bärendienst erwiesen wird. Das gesetzgebungstechnische Entschlackungsmittel besteht hier darin, das Verfahren des Verweises auf technische Normen anzuwenden. Das bedeutet, daß die EG-Kommission in Zukunft nur noch die politischen Zielvorgaben ausarbeitet, aber die technischen Details auf ein Normeninstiut übertragen werden. Dieses erarbeitet zunächst in dem vorgegebenen Rahmen eine freiwillige technische Norm. Um dieser dann allgemeine Gültigkeit zu verschaffen, nimmt der Gesetzgeber anschließend auf diese Norm Bezug und erklärt sie dadurch für allgemein gültig. Diese neuen Aufgaben können natürlich nur unter der Voraussetzung gelöst werden, daß die bereits bestehenden Europäischen Normeninstitute CEN und CENELEC organisatorisch, technisch und personell in die Lage versetzt werden, im Rahmen eines Vertrages mit der Gemeinschaft die Ausarbeitung derartiger Normen zu übernehmen. Dieses Verfahren hat vor allem den Vorteil, daß zugleich ein kostengünstigeres und schlagkräftigeres Instrument als bisher zur Bekämpfung von Handelshemmnissen zur Verfügung stünde.

Daneben ist hinzuzufügen, daß von dem komplizierten Verfahren der Harmonisierung gemäß Artikel 100 des EWG-Vertrages in Zukunft nur subsidiär und weit sparsamer als bisher Gebrauch gemacht werden sollte. Zunächst einmal ist zu fordern, daß der Grundsatz des freien Warenverkehrs gestärkt wird und aus der Perspektive der Europäischen Gemeinschaft weniger nationale Handelshemmnisse anerkannt werden. Deshalb fordert das Europäische Parlament die weitere Durchsetzung des vom Europäischen Gerichtshof bestätigten Grundsatzes, daß ein Produkt, das in einem Mitgliedsland der Gemeinschaft geprüft und zugelassen wurde, grundsätzlich auch in den anderen Mitgliedsländern zugelassen werden muß.

● Für eine Liberalisierung der Ausschreibungen – gegen Hoflieferanten bei technologischen Spitzenprodukten!

Wie bereits erwähnt, ist der Staat einer der wichtigsten und manchmal sogar der hauptsächliche Abnehmer für bestimmte technologische Spitzenprodukte. Da die Bemühungen um die Schaffung eines echten Gemeinsamen Marktes auf diese Sektoren konzentriert werden sollten, weil dadurch die Wettbewerbsfähigkeit entscheidend verbessert wird, und sie ihrerseits für die künftige wirtschaftliche Entwicklung entscheidend sind, ist eine Liberalisierung der öffentlichen Auftragsvergabe erforderlich. Der Schutz der nationalen Märkte, zum Beispiel durch Anwendung nationaler Normen oder durch Anwendung nationaler, undurchsichtiger Verfahrensweisen mit dem Ziel, öffentliche Aufträge für die nationale Industrie zu reservieren, sollte eingestellt werden.

Es kann gar nicht genug betont werden, wie wichtig für die Spitzentechnologie ein Gemeinsamer Europäischer Markt ist. In den Sektoren Biotechnologie und Elektronik sind die europäischen Unternehmen im Begriff, die in dieser technologischen Entwicklung liegenden Chancen ungenutzt an sich vorüberziehen lassen. Auf dem Mikroprozessorenmarkt macht der Anteil der europäischen Erzeugnisse noch weniger als 10 % aus. Die Entwicklung in diesem Bereich wird zum Verlust zahlreicher Arbeitsplätze führen, während die Entstehung neuer Erzeugnisse und Dienstleistungen in Amerika und Fernost dort neue Arbeitsplätze schafft. Die öffentlichen Hände sollten bei der Öffnung des Marktes gerade im Bereich der Spitzentechnologien, insbesondere der Telekommunikation mit gutem Beispiel vorangehen und Aufträge auf europäischer Ebene an die leistungsfähigsten Unternehmen ohne Rücksicht auf nationale Erbhöfe vergeben. Der verschärfte Wettbewerb würde zu erheblichen Einsparungen für den Steuerzahler bzw. für den Gebührenzahler bei der Post führen.

● Für eine europäische „Patentlösung"
Für die Verwirklichung des Gemeinsamen Marktes ist es unerläßlich, ein für alle Mitgliedstaaten einheitliches Patent- und Markenrecht zu schaffen. Bislang führen die Unterschiede in den nationalen Patent- und Markenrechten zu gravierenden Behinderungen des freien Warenverkehrs und haben ungleiche Wettbewerbsbedingungen zur Folge. Mit einer „Europäischen Patentlösung" werden Unternehmen in der Gemeinschaft die Rahmenbedingungen an die Hand gegeben, die sie für ihre Tätigkeit in einem einheitlichen Wirtschaftsraum benötigen. Die gemeinschaftsweite Herstellung und Vermarktung von Erzeugnissen, die dann rechtlich geschützt sind, stellt eine wesentliche Stimulierung für neue Investitionen dar. Hier ist schon wertvolle Arbeit geleistet worden, die leider bis heute noch brach liegt. Ein Übereinkommen über das Gemeinschaftspatent liegt seit dem 15. Dezember 1975 ratifizierungsreif in den Schubladen einiger Mitgliedstaaten. Die Ratifizierung dieses Übereinkommens darf nicht weiter hinausgezögert werden!
Abschließend sei darauf hingewiesen, daß dies kein vollständiger Maßnahmenkatalog für die Schaffung eines Europäischen Binnenmarkts ist. Die Vorschläge konzentrieren sich im wesentli-

chen auf den freien Warenverkehr, wobei der freie Dienstleistungs- und Kapitalverkehr genauso wichtig sind. Angesichts der schwierigen wirtschaftlichen Lage in Europa muß der Schwerpunkt und der Vorrang bei solchen Maßnahmen liegen, die auf einen echten Gemeinsamen Markt in Sektoren abzielen, die für die wirtschaftliche Zukunft Europas und damit für das Wohlergehen der nächsten Generation ausschlaggebend sind. Dies sind insbesondere die Bereiche der Spitzentechnologie, bei denen bedauerlicherweise eine äußerst geringe Integration auf europäischer Ebene zu diagnostizieren ist. Wenn wir die wirtschaftliche Zukunft nicht verschlafen wollen, ist es erforderlich, daß für die Durchsetzung der genannten Forderungen mehr politischer Druck erzeugt wird. Vor dem Hintergrund einer Unzahl von mehr oder weniger gescheiterten EG-Gipfeln müßte jeder Bürger in der Gemeinschaft wissen, daß es nicht genügt, achselzuckend festzustellen: kommt Zeit, kommt Ministerrat!

Drittes Kapitel
Wenn die Paragraphenfalle zuschnappt

Seit Erich Kästners Buch über den „kleinen Grenzverkehr" ist das öffentliche Bewußtsein dafür geschärft, daß Grenzübergänge Sammelplätze bürokratischer Kuriositäten und nationaler Fußangeln gegen freien Reise- und Warenverkehr sind. Bisweilen erscheint das Eintreten für offene Grenzen in Europa aussichtslos wie Don Quijotes Kampf gegen Windmühlenflügel. Jetzt zeichnet sich freilich eine Wende ab: Je häufiger dem europäischen Binnenmarkt Vorrang vor nationalen Sonderinteressen eingeräumt wird, desto seltener schnappt die „Paragraphenfalle" zu.

„Wenn Europa verwirklicht wird, dann spielt auch das kleine Trauer- und Satyrspiel zwischen Rhein und Vogesen nicht mehr."

René Schickele

Mehrwertsteuer für die Liebesnacht?

Beginnen wir mit einigen Begebenheiten, die ihre Wurzel in den immer noch auseinanderklaffenden Mehrwertsteuersätzen zwischen den Ländern der Gemeinschaft haben. Was die Versäumnisse der nationalen Regierungen und das Europadefizit im Steuerbereich bedeuten, mußte zum Beispiel ein Grenzpendler aus Colmar erfahren, der in Vogtsburg am Kaiserstuhl als Koch arbeitet. Nach Feierabend fuhr er mit dem Lieferwagen seines deutschen Chefs regelmäßig nach Hause, kaufte frühmorgens auf dem Markt in Colmar ein, um anschließend Spezialitäten aus französischen Landen im badischen Restaurant frisch auf den Tisch zu bringen. Wegen des deutschen Kennzeichens am Lieferwagen witterten französische Zollfahnder unbotmäßige Privatfahrten, die wegen des deutsch-französischen Mehrwertsteuergefälles von 14 % auf 33 % untersagt sind. Im bürokratischen Übereifer wurde dem Koch ein täglicher Metzgergang verordnet: er durfte nicht mehr direkt zum Markt fahren, sondern mußte erst einmal mit dem Privatfahrzeug über die Grenze vom elsässischen Wohnort an den Dienstort am Kaiserstuhl pendeln, um von dort postwendend mit dem Lieferwagen zurückzufahren. Entsprechend der gastronomischen Einsicht, daß man einen langen Löffel braucht, wenn man aus bürokratischen Töpfen schöpfen will, wandte sich der Koch an das Europäische Parlament. Die Zollbehörde in Mulhouse berief sich zunächst auf ihre Vorschriften, jedoch konnte erst eine vom Verfasser unternommene Intervention beim Finanzministerium in Paris den gewünschten Erfolg bringen. Eine Ausnahmegenehmigung erspart dem Koch in Zukunft Umwege. In vielen anderen Fällen besteht jedoch die mißliche Situation weiter, weil das Problem politisch noch nicht an der Wurzel gepackt wurde.

Trotz erster sichtbarer Erfolge im Kampf gegen die Abschaffung von Grenzkontrollen büßen die Zollämter allem Anschein nach ihr mühsam erworbenes Ansehen als Sammelplätze nationaler Paragraphenfallen gegen den freien Reiseverkehr in Europa nicht ein. Um dieses — von einigen respektlosen Europaabgeordneten zuweilen angekratzte — Image aufzupolieren, wendet jetzt sogar der belgische Zoll mit preußischer Korrektheit nationale Vorschriften an. Über hundert Autos wurden 1984 an der belgisch-deutschen Grenze nach Berichten der dortigen Lokalpresse ohne Vorwarnung beschlagnahmt. Die Falle schnappte nicht etwa über Schmuggelware zu, sondern weil die in Belgien wohnenden Autofahrer in einem mit ausländischen Nummernschild versehenen Fahrzeug einreisen wollten. Unter den arglos Betroffenen war beispielsweise ein deutscher Student, der in Eupen (Belgien) wohnt. Der junge Mann hatte beim Besuch der Eltern in Heidelberg eine Panne und trat die Rückreise deshalb mit dem Auto des Vaters an. Er hatte jedoch die Rechnung ohne die belgische Zollverwaltung gemacht, die als eiserner Arm des Gesetzes das sogenannte Wohnortsprinzip vollstreckte, wonach Einheimische wie Ausländer mit ständigem Aufenthalt in Belgien nur mit dort zugelassenen Autos fahren dürfen. Hält die Kommission diese Praxis an den innergemeinschaftlichen Grenzen mit dem Ziel, einen europäischen Binnenmarkt zu schaffen, für vereinbar? Auf die Anfrage des Verfassers hin, versicherte EG-Kommissar Tugendhat, dafür Sorge zu tragen, daß derartige Fälle abgestellt und unbillige Härten schon ab sofort vermieden werden, auch wenn die auseinanderklaffenden Mehrwertsteuersätze in den verschiedenen EG-Ländern noch nicht angeglichen sind. Es müssen klare Ausnahmen vom Wohnortsprinzip gemacht werden, die allen EG-Bürgern eine Einreise, zum Beispiel mit einem Miet- oder Leihwagen zu vorübergehenden Zwecken gestatten. Außerdem müssen die Zollverwaltungen die schikanöse Praxis abstellen, bei einem Bagatellverstoß gleich ein Fahrzeug zu beschlagnahmen. Entsprechend dem Gebot der Verhältnismäßigkeit der Mittel muß es ohnedies beim ersten Mal bei einer Aufklärung oder Verwarnung bleiben.

Eine Lektion zum Thema „Alltag in Europa" erteilten die Zollbehörden einem Lehrerehepaar, das sich ausgerechnet auf einer deutsch-französischen Freundschaftsveranstaltung kennengelernt hatte. Weil der Lehrer aus Kehl regelmäßig in der Straßburger Wohnung seiner französischen Ehefrau übernachtet, sollte er 47 % Mehrwertsteuer für sein neues Auto zahlen. Nachdem der deutsche Fiskus die üblichen 14 Prozent kassiert hatte, griff der Zoll in Straßburg zu und verlangte nochmal 33 %, nach längerer Observierung des Mercedes 300 D, den der deutsche Halter nichtsahnend vor der Wohnung seiner französischen Ehefrau geparkt hatte. Alle Versuche des Bürgers, wenigstens nur die deutsche oder die französische Steuer zahlen zu müssen, stießen bei den Verwaltungen beider Länder auf taube Ohren. Erst nach einer Intervention des damaligen Straßburger Oberbürgermeisters und heutigen Präsidenten des Europäischen Parlaments Pierre Pflimlin verzichtete der französische Zoll auf die Besteuerung. Der Fall zeigt, daß deutsch-französische Freundschaft und Ehe, eine Generation nach Gründung der EG, noch unerwartete bürokratische Barrieren überwinden muß. Es handelt sich hier um einen Schildbürgerstreich von europäischem Rang. Es kann nicht länger hingenommen werden, daß die vom Europäischen Parlament und der EG-Kommission vorgeschlagene gegenseitige Anerkennung der Besteuerung in den Mitgliedstaaten von Vertretern der nationalen Regierungen immer wieder auf die lange Bank geschoben wird. Es entspricht europäischer Logik, daß ein in einem EG-Mitgliedstaat ordnungsgemäß zugelassener, versteuerter und gegebenenfalls verzollter PKW, von wem auch immer in allen Ländern der Europäischen Gemeinschaft abgabenfrei gesteuert werden kann.

Wie soll man das einem denkenden Menschen klarmachen, daß derartige Hindernisse in einem Gemeinsamen Markt notwendig sein sollen?

Diese und viele andere Kuriositäten ähnlicher Art finden ihre Erklärung darin, daß die Mehrwertsteuer beim Kauf von Automobilen in Deutschland 14 %, in Frankreich dagegen 33 % beträgt. Die französischen Behörden befürchten, daß ihre Staatsbürger im Grenzraum dazu übergehen könnten, Automobile zu benutzen, die auf der anderen Seite des Rheins zugelassen sind, und daß dadurch dem französischen Staat Steuereinnahmen entgehen könnten. Noch größer sind die Unterschiede zwischen Deutschland und Dänemark. Der dänische Staat erhebt beim Einkauf von Automobilen zusätzlich zur Mehrwertsteuer eine

Registrierungsabgabe bis zu 180 %. Das bedeutet, daß die Bürger Dänemarks zwar Automobile erwerben dürfen, aber nur dann, wenn sie diese dreimal bezahlen. Resultat: Auch der dänische Staat verhindert mit allen möglichen Schikanen und Kontrollen, daß seine Bürger Automobile verwenden, die in anderen Gemeinschaftsländern erworben wurden. In der Tat: einer der wesentlichen Gründe dafür, daß heute nach wie vor an den Binnengrenzen Kontrollen stattfinden, ist darin zu sehen, daß man zwar bei der Harmonisierung der Steuererhebungsverfahren gewisse Fortschritte gemacht hat, daß aber die Steuersätze in der Gemeinschaft nach wie vor sehr unterschiedlich sind.

Entsprechend dem Auftrag des Europäischen Rates vom 29./30. März 1985 hat die EG-Kommission in einem Weißbuch vom 14. Juni 1985 ein Programm zur Vollendung des europäischen Binnenmarktes vorgelegt. In diesem Programm stellt der Abbau der Steuergrenzen an den innergemeinschaftlichen Grenzen mit die wichtigste, aber auch zugleich sicherlich die schwierigste Hürde auf dem Wege zum Binnenmarkt dar. Es gilt, die Mehrwertsteuer und die besonderen Verbrauchssteuern (Mineralöl-, Tabak-, Biersteuer usw.) so zu regeln, daß bei der Ausfuhr an den Binnengrenzen keine steuerliche Entlastung und anschließend im Empfängerland eine steuerliche Neubelastung vorgenommen werden müssen.

Die EG-Kommission ist sich darüber im klaren, daß eine Annäherung der Steursätze notwendig werden wird. Nach den Erfahrungen innerhalb der USA mit unterschiedlichen Steuersätzen ohne Steuergrenzen können Unterschiede bis zu 5 % beim Wegfall der Steuergrenzen hingenommen werden.

Überträgt man diese Erfahrungen auf die Europäische Gemeinschaft, so würde dies eine Marge von ± 2,5 % oberhalb und unterhalb des jeweiligen Regelsteuersatzes bedeuten. Nach dem heutigen Stand hat die Mehrheit der Mitgliedstaaten einen Regelsatz zwischen 14 und 19 %, darunter auch die Bundesrepublik Deutschland.

In diesem Zusammenhang sieht der Zeitplan der EG-Kommission schon für die nächste Zeit den Vorschlag für einen Ratsbeschluß über eine Stillhalteregelung vor, nach der die Anzahl der MWSt-Sätze in den Mitgliedstaaten nicht mehr erhöht werden soll, und wonach der Abstand zwischen den Mitgliedstaaten nicht mehr vergrößert werden darf.

Die Finanzminister der Mitgliedstaaten zeigen sich bisher recht zurückhaltend gegenüber diesen Vorstellungen, weil eine gewisse Fixierung dieser Steuern als ein besonders schwerer Eingriff in die Souveränität der Mitgliedstaaten erscheint, der allerdings im EWG-Vertrag vorgesehen ist.

Bei einem entsprechenden politischen Willen der Bundesregierung und der gesetzgebenden Organe könnte die Bundesrepublik Deutschland bei einem Normalsatz von 14 % einem Standstill für eine Marge von 14 bis 19 % sicher ohne größere Folgen zustimmen. Die Rechtsangleichung bei Steuern ist wohl das schwierigste Etappenziel beim Hindernislauf zum Binnenmarkt 1992. Hier hat die Regierungschefs bei der „Einheitlichen Akte" der Mut verlassen. Der Hindernislauf findet mit dem schweren Marschgepäck der einstimmigen Beschlußfassung im Rat statt, zur Mehrheitsregel konnte man sich nicht durchringen.

Drei-Groschen-Oper am Zoll: der Brezel-Paragraph macht's möglich.

Daß grenzüberschreitende Aktivitäten in Europa häufig mit einem bürokratischen Parcours an der Grenze verbunden sind, das gehört spätestens seit Erich Kästners Buch über den „Kleinen Grenzverkehr" zum Allgemeinwissen. Kästner nimmt die Grenzvorschriften und -beamten auf die Schippe, die in der Zeit vor dem Zweiten Weltkrieg einen Reichsdeutschen zwingen, sich die musikalischen Genüsse der Salzburger Festspiele im Wege des kleinen Grenzverkehrs zu verschaffen. Die Devisengesetze ließen damals nur die Mitnahme von dreißig Pfennig pro Tag zu. Derartige kleinkrämerische Bagatellvorschriften gehören längst der Vergangenheit an, könnte man meinen. Doch weit gefehlt! Auch heute noch sind die Grenzübergänge Sammelstellen für allerlei Kuriosiäten. Bei deutschen Zollämtern werden nach wie vor Kleinbeträge in Höhe von dreißig Pfennig erhoben. Obwohl der Verwaltungsaufwand mehr als drei DM beträgt. Dies sieht der sogenannte „Brezel-Paragraph" vor, der in der Allgemeinen Zollordnung niedergelegt ist und der 1961 eingeführt wurde, weil Bäcker am Hochrhein nach dem Gesetzgeber riefen, als viele

Grenzbewohner zu einem günstigen Wechselkurs Brötchen und Brezeln in der Schweiz kauften. Die Zeit ist über den Brezel-Paragraphen lange hinweggegangen, aber er ist offenbar nicht mehr aus der Welt zu schaffen. Mehrere Anläufe des Verfassers, bei der alten wie bei der neuen Bundesregierung die Grenze von dreißig Pfennig wenigstens auf drei Mark anzuheben, sind gescheitert. „Die Kleinbetragsgrenzen können nicht heraufgesetzt werden", so ließ das Finanzministerium den Verfasser wissen, „weil Nachteile für den inländischen Einzelhandel im grenznahen Bereich zu befürchten wären." Weil also der Gesetzgeber den Paragraphen 78 der Allgemeinen Zollordnung im doppelten Sinne ein für allemal verabschiedet hat, bleibt es dabei: jedesmal wenn der Staat fünfzig Pfennig Zoll kassiert, legt er 2,50 DM an Verwaltungskosten drauf. Wie schwerhörig muß ein Staatssekretär sein, damit er in einem solchen Fall das Wiehern des Amtsschimmels überhört? Der Leser möge die ironische Frage verzeihen, denn leider ist es bisweilen unmöglich, das wuchernde Vorschriften-Gestrüpp mit der Heckenschere auszulichten, ohne zugleich den Bart der dahinterstehenden Spitzenbeamten zu stutzen.

Der Brezel-Paragraph ist indes kein Einzelfall, sondern nur eine kleine Perle an der langen Kette bürokratischer Kuriositäten an der Grenze.

Ein besonders eindrucksvolles Beispiel für Vorschriften, die den Bürger verdrießen und zugleich mehr Verwaltungsaufwand erfordern als sie einbringen, sind die Spritkontrollen. An deutschen Grenzübergängen wurden bis zum 1. Juli 1984 Tankfüllungen für Busse und LKWs gemessen, da nur 50 bzw. 100 l Sprit abgabenfrei waren. Zur bürokratisch perfekten Abwicklung dieser kleinlichen Regelung leistete sich die deutsche Zollverwaltung den einmaligen Luxus, jährlich 5 Millionen Treibstoffausweise auszustellen. Die dabei entstehenden Verwaltungskosten dürften etwa das Doppelte der dabei eingenommenen Steuerbeträge ausmachen.

Unerwartet schrille Töne am deutschen Zoll bekam die englische Jazzgruppe „York Railway Institute Band" auf ihrer Fahrt zum Freundschaftstreffen in Königstein im Taunus zu hören. Am Zollübergang Emmerich wurden ihnen 500 Mark abgeköpft, 100

Mark Mineralsteuer und 400 Mark Bußgeld. Die Jazzgruppe wollte jedoch nicht einsehen, daß sie einen Teil der Gage für das völkerverbindende Treffen im Taunus an die bürokratische Begleitmusik abzweigen sollte und wandte sich prompt an das Europäische Parlament. „Wenn freundschaftliche Begegnungen zwischen den Bürgern der EG besteuert werden", klagt ein Mitglied der Yorker Band, „dann können wir die Europäische Einheit vergessen."

Immerhin ist es im wesentlichen auf den Druck des Europäischen Parlaments zurückzuführen, daß ab 1. Oktober 1985 Reisebusse mit normalem Tankinhalt (600 l) die innergemeinschaftlichen Grenzen abgabenfrei passieren dürfen. Es wird Zeit, daß auch LKW mit normalem Tankinhalt die innergemeinschaftlichen Grenzen abgabenfrei überschreiten dürfen.

Nicht ohne Grund war ausgerechnet ein Schlagbaum Ausgangspunkt für die unheilvolle Geschichte des Roßhändlers Michael Kohlhaas. „Er ritt einst, mit einer Koppel junger Pferde, wohl genährt alle und glänzend, ins Ausland," schreibt Heinrich von Kleist, „als er auf sächsischem Gebiete einen Schlagbaum traf, den er sonst auf diesem Wege nicht gefunden hatte." Beinahe zu einem Michael Kohlhaas, den sein ausgeprägtes Rechtsgefühl zum Straftäter machte, wäre ein Bürger aus dem Wiesental wegen einer als ungerecht empfundenen Grenzkontrolle geworden. Einem schönen Motorradausflug ins benachbarte Elsaß folgte bei der Rückkehr am Grenzübergang Neuenburg unvermutet das dicke Ende. Er machte sich eines Vergehens schuldig, das zunächst per Strafbefehl mit 600 Mark geahndet wurde. Erst infolge eines Einspruchs wurde dieses drakonische Strafmaß vom Amtsgericht Müllheim herabgesetzt. Nicht etwa mit Schmuggelware, sondern nur ohne Ausweis hatte man ihn ertappt — eine Bagatelle sollte man meinen. Der Schopfheimer fühlte sich ungerecht behandelt und wandte sich an den Verfasser. „Da wird vom freien Europa geredet", beklagt sich der Bürger in der Eingabe, „und dann verhält sich die Behörde so kleinkariert." Bei einem vergessenen Paß sieht der Normalfall etwa so aus: Eine Eintrittsgebühr von 20 Mark für das ungebührliche Eintreten in das eigene Land wird fällig, juristisch ausgedrückt, eine gebührenpflichtige Verwarnung wegen fahrlässigen Verstosses gegen das Gesetz über das Paßwesen. Dem Reisenden, der sich unvermittelt in der Rolle des Delinquenten sieht, wird nicht selten freundlich empfohlen, „am besten gleich bar zu zahlen, da eine Anzeige erheblich teurer kommt." Entspricht dieses Verhalten der Rechtslage 25 Jahre nach Unterzeichnung der Römischen Verträge, in denen der freie Personenverkehr in Europa vereinbart wurde?

Das deutsche Paßgesetz normiert Paßzwang für Ausländer und Deutsche, die das Gebiet der Bundesrepublik Deutschland „über eine Auslandsgrenze verlassen oder betreten" (§1). Der Innenminister wird jedoch ermächtigt, „für besondere Fälle" Ausnahmen zuzulassen. In der daraufhin ergangenen Rechtsverordnung wurde in bürokratischer Perfektion an alles gedacht, von Lotsen der See- und Küstenschiffahrt bis zum Zollgrenzanschluß Mittelberg — nur die Binnengrenzen der Europäischen Gemeinschaft sind für die Bundesrepublik anscheinend „kein besonderer Fall".

Auch beim Paßersatz war man nicht weniger findig: elf verschiedene Arten — von Seefahrtsbüchern bis zum Crew-Member-Certificate für Stewardessen fanden Eingang in die Verordnung, nur an den Führerschein als naheliegendste Lösung hat keiner gedacht. Die bevorstehende Einführung des Europa-Passes und -Führerscheins sollten zum Anlaß genommen werden, das Europadefizit des Paßgesetzes und anderer Vorschriften zur Personenkontrolle endlich abzubauen. Die Grenzbeamten stehen in den Augen der Bevölkerung nicht selten als Sündenböcke für zögerliche Grenzabfertigungen da. Aus diesem Grunde ist es wichtig, daß zu Formalismus erstarrte, europapolitisch inzwischen obsolete gesetzliche Regelungen abgeschafft oder doch wenigstens so flexibel wie möglich gehandhabt werden. Das bedeutet, daß die Ermessensausübung bei der Personenkontrolle im Lichte des im EWG-Vertrag verankerten Grundsatzes des freien Personen- und Warenverkehrs erfolgen sollte. Die grüne Scheibe mit dem weißen E hat nicht nur eine offizielle, zollrechtliche Bedeutung, viele Bürger messen ihr auch einen politischen Sinn bei. Es ist ein Aufkleber mit der Forderung: Es darf nicht länger zu den Alltagserfahrungen eines Bürgers in Europa gehören, an der Grenze vom „Arm des Gesetzes" festgehalten zu werden, obwohl der „Geist des Gesetzes" das Durchwinken befiehlt! Wenn man einmal von den Aktivitäten der Europaabgeordneten in den vergangenen Jahren absieht, kann man beobachten, daß sich eine Reihe engagierter Schriftsteller weit mehr als die Politiker zum Anwalt für die Erleichterung von Paß- und Grenzformalitäten gemacht haben. Beispielsweise schrieb der legendenumwitterte B. Traven seinen ersten Roman „Das Totenschiff", der im Jahre 1926 erstmals erschien, nach eigenen Angaben vor allem, „um die Öffentlichkeit auf die Beine zu bringen und sich das, was man Paßzwang und Visazwang nennt, einmal in seine Konsequenzen anzusehen." Dieses Thema zieht sich wie ein roter Faden durch das Buch. Wenn das Gespenst des Totenschiffs, der Ungeist nationaler Borniertheit und Kleinkariertheit in Europa eines Tages nicht mehr umgeht, wenn die Bürger ungehindert und unschikaniert reisen können, dann ist dies keine Selbstverständlichkeit, sondern ein Ergebnis der politischen Bemühungen um die Schaffung eines vereinten Europas.

Künstliche Schranken für die Kunst

Der innergemeinschaftliche Dienstleistungsverkehr wird durch die verwaltungstechnischen Formalitäten, wie Zahlung von Kautionen beim Überschreiten der innergemeinschaftlichen Grenzen, denen die Dienstleistenden unterworfen sind, wenn sie die für ihre Berufsausübung erforderliche Ausrüstung mitsichführen, stark beeinträchtigt. Dies gilt insbesondere für Handwerker, Werbe- und Filmfotografen sowie Künstler. Wer sich ein Bild darüber verschaffen will, wie kontrastreich Theorie und Praxis nebeneinander stehen, kann in jedem Lebensbereich Erfahrungen sammeln. Man könnte sich zum Beispiel einmal von einem europäischen Kunsthändler erzählen lassen, was dieser erlebt, wenn er ein französischen Bild in der Bundesrepublik Deutschland ausstellen will. Zunächst muß bei der Zollbehörde eine Exportlizenz beantragt werden. Der durchschnittliche Zeitbedarf beträgt drei Wochen. Bei Kunstwerken, die mehr als zwanzig Jahre alt und mehr als 10 000 FFrs. wert sind, wird ein zusätzlicher bürokratischer Farbtupfer aufgetragen: Es muß anschließend die Genehmigung der Kunstkommission beantragt werden, die allerdings nur an jedem Mittwoch nachmittag ihre Sitzung abhält. Falls der Fahrer, der die Bilder abholt, gleichzeitig auch welche mitbringt, kann dies nicht in einem Vorgang abgewickelt werden. Vielmehr muß er zunächst beim Zollamt zur Einfuhrabwicklung, dann erst darf er umladen und anschließend fährt er nochmals zum gleichen Zollamt, um die Ausfuhr abzuwickeln. Die größte Kunst besteht bei dieser Prozedur offensichtlich darin, die Geduld nicht zu verlieren. Selbstverständlich muß er sich bei diesen komplizierten Abläufen eines Spediteurs bedienen. Dieser wird beispielsweise bei drei Bildern im Gegenwert von 46 000 Mark folgendes in Rechnung stellen:

1. Zollverwaltungsgebühr	FF	128,08
2. Zustellung	FF	910,00
3. Abfertigungsprovision	FF	305,00
4. Kosten der Handelskammer	FF	193,00
5. Erstellung von 2 Exportpapieren	FF	555,00
6. Vorführung beim Zoll	FF	425,00
7. Versicherung für Lagerzeit	FF	563,40
8. Fixe Gebühren	FF	175,00
Gesamtsumme	FF	3 629,48
oder in	DM	1 210,00
Dazu kommen dann die deutschen Zollabwicklungskosten	DM	125,00
sowie die Einfuhrumsatzsteuer	DM	3 220,00

Damit ist aber noch kein einziges Bild verkauft. Vielmehr müssen diese, falls sie nicht innerhalb eines Jahres verkauft werden, ins Ursprungsland zurückgesendet werden, mit allen damit verbundenen Formalitäten und Kosten. Kommentar des Kunsthändlers: „So kann es Jahr für Jahr weitergehen, bis einem die Lust am europäischen Kunsthandel vergeht." Derartige Grenzkontrollen sind mit den Werken Salvador Dalis in kongenialer Weise dadurch verbunden, daß sie bisweilen surrealistische Züge tragen. Damit trifft auf diesen Fall das satirische Bonmot von Karl Kraus zu: „Vor der Wahrheit der Kunst ist die Wirklichkeit eine optische Täuschung." Keine optische Täuschung ist indes die Erkenntnis, daß wir vom Ziel eines Gemeinsamen, offenen europäischen Marktes noch weit entfernt sind. Besonders wichtig ist es, Handwerker, die einen grenzüberschreitenden Auftrag ausführen, von Formalitäten zu entlasten. In der Vergangenheit mußte ein Handwerker einen regelrechten Hindernislauf mit verschiedenen Hürden zurücklegen:

1. Bei der Industrie- und Handelskammer ein Carnet besorgen, in dem die Werkzeuge einzeln aufgeführt werden.
2. Behördengang zum Binnenzollamt, um weitere Formulare auszufüllen.
3. Beim Grenzübertritt für bestimmte Berufsgeräte, zum Beispiel eine Fotoausrüstung, eine Kaution hinterlegen.
4. Bei der Rückkehr am Zollübergang nachweisen, daß man auch alle Werkzeuge dabei hat und nicht etwa einen Hammer oder Schraubenzieher im Ausland verkauft hat.

Nach diesen und anderen Erfahrungen hat das Europäische Parlament bei der Kommission darauf gedrungen, Vorschläge für eine beträchtliche verwaltungstechnische Vereinfachung bei der vorübergehenden Einfuhr von Waren aus einem andere Mitgliedstaat vorzulegen. Die Kommission reagierte positiv auf dieses Ersuchen des Parlaments; allerdings erhoben einige Mitgliedstaaten gegen diesen Vorschlag verschiedene Einwände aus Furcht vor möglichen Betrügereien und den sich daraus ergebenden Verlusten. Weil sich hier die Skeptiker gegenüber den Optimisten durchgesetzt haben, wurden in der sogenannten Klempnerverordnung, die für Handwerker mit grenzüberschreitendem Auftrag Erleichterungen mitsichbringt, zugleich Ausnahmebestimmungen für Muster, Kunstgegenstände und Gemälde festgeschrieben. Diese Regelung ist insgesamt ein europapolitischer Fortschritt, der auf Initiative des Europäischen Parlaments zustande kam. Es ist jedoch darauf zu drängen, daß die Ausnahmebestimmungen abgeschafft werden, um in Zukunft eine Lösung aus einem Guß zu erreichen, die den Vorstellungen des freien Dienstleistungsverkehrs entspricht.

Eine flankierende Maßnahme hierfür, die jedoch nicht nur Handwerkern, sondern der Grenzbevölkerung insgesamt zugute kommt, wäre die längst fällige Öffnung der Grenzübergänge rund um die Uhr. Häufig ist dabei der kleine Grenzverkehr mit besonders großen Tücken behaftet. Dies zeigt der Vorschlag des Verfassers, als ersten Schritt für eine europaweite Lösung in einem Modellversuch die badisch-elsässichen Grenzübergänge Sasbach und Nonnenweier vollständig zu öffnen. Nach diesem Vorschlag sollen die Anwohner im Einzugsbereich der kleinen Übergänge den Schlagbaum auch außerhalb der Amtsstunden ohne Kontrolle passieren dürfen, wenn sie nichts zu verzollen haben. Dieser Vorschlag, der keinen zusätzlichen Personalaufwand erfordert, könnte an der deutsch-französischen Grenze auch ohne einen Staatsvertrag umgehend verwirklicht werden. Seine Umsetzung ist jedoch in der Endphase der sozialliberalen Koalition durch eine Panne im Bonner Innenministerium ins Stocken geraten: der damalige Staatsekretär Andreas von Schoeler teilte dem Verfasser schriftlich mit, daß er ein behördliches Handeln für überflüssig halte, weil alle Straßenübergänge über den Rhein nach Frankreich bereits durchgehend geöffnet seien. Die neuralgischen Punkte Nonnenweier und Sasbach, die bereits am frühen Abend schließen, hatte das Bundesministerium schlicht übersehen. Hier zeigt sich: selbst für einen Staatsekretär gibt es Grenzen − Auch wenn er sie gelegentlich übersieht. Ich bin zuversichtlich, daß gerade in diesem Bereich in den nächsten Jahren aufgrund eines verstärkten Drucks der Bevölkerung weitere Fortschritte erzielt werden.

Wenn der Export von Mineralwasser nicht mehr sprudelt

Eine besonders trickreiche „Retourkutsche" gegen das deutsche Importverbot für französisches Bier, das nicht nach den Vorschriften des Reinheitsgebots gebraut ist, ließ sich die Pariser Regierung im Herbst 1983 einfallen. Opfer des gallischen Einfallsreichtums waren diesmal nicht Video-Rekorder aus Japan, sondern nichtalkoholische Getränke aus Deutschland, deren sprudelnder Export gebremst werden sollte. Die Politik der Nadelstiche schlägt sich in einer Vorschrift nieder, die besagt, daß die in eine Flasche eingedruckte Mengenangabe nicht genügt, sondern daß sie auf das Etikett „in mindestens vier Millimeter hohen Buchstaben" aufgedruckt werden muß. Doch damit nicht genug: auf dem Etikett jeder eingeführten Sprudelflasche muß fortan der Name des Importeurs angegeben werden. Daraus ergibt sich die schikanöse Konsequenz, daß die Firmen für jeden ausländischen Handelspartner künftig ein gesondertes Etikett verwenden müssen. Eine Getränkefirma aus dem Schwarzwald wandte sich an den Verfasser, der in der ersten Wahlperiode Generalberichterstatter für den Abbau von Handelshemmnissen war, mit der Bitte um Beistand. Der Export ihrer Produkte aus Peterstal war vorläufig gestoppt worden, nachdem ein Kontrolltrupp der französischen Behörden die nach deutschen Vorschriften etikettierten Flaschen in einem Straßburger Supermarkt aufgespürt hatte. Durch eine Intervention des Verfassers konnten im konkreten Fall wenigstens die bereits produzierten Getränke die Grenze passieren und so der Schaden in Grenzen gehalten werden.

Derartige Vorkommnisse sind indes kein Einzelfall, sondern ein bürokratischer Wahnsinn, der in allen Mitgliedstaaten mehr oder weniger Methode hat. Dazu ein Beispiel aus der Bundesrepublik Deutschland, das die Überschrift „Nepper, Schlepper, Sattelschlepper" tragen könnte. In den meisten EG-Ländern dürfen LKW mit Sattelauflieger 15,5 Meter lang sein. In der Bundesrepublik war dagegen nur eine Länge von 15 Metern erlaubt. Der deutsche Zoll mußte daher jeden einzelnen LKW mit Sattelauflieger von anderen EG-Staaten bei Ein- und Ausreisen aus der Bundesrepublik nachmessen. Wurde bei der Einfahrt eine Überlänge, die höchstens 50 Zentimeter betragen konnte, festgestellt, dann mußte der LKW-Fahrer eine Ausnahmegenehmigung beantragen, die ca. 360 Mark kostete. Kam ein LKW an einem Freitag nachmittag an, mußte er bis Montag früh auf die Ausnahmegenehmigung warten, weil die zuständige Behörde zum Wochenende nicht tätig wurde. Nach Berechnung des Bayerischen Rundfunks entstanden einem Unternehmer etwa 740 Mark Kosten, wenn ein LKW einen Tag an der Grenze stand. Rechnete man die Gebühr hinzu, dann konnte man davon ausgehen, daß manchem Unternehmer aus einem EG-Land bei der Einfahrt in die Bundesrepublik Tausend bis Zweitausend DM an Kosten entstanden, wenn der LKW 50 Zentimeter zu lang war. Wurden bei der Ausreise Überlängen festgestellt, dann erfolgte vom Zoll eine Anzeige wegen Verstosses gegen die Straßenverkehrzulassungsordnung. Der Fahrer mußte eine Sicherheitsleistung in Höhe von 112,80 DM für die zu erwartende Strafe zahlen. Die Fahrer wunderten sich bisweilen, weil sie über alle Grenzen in Europa ohne Beanstandungen fahren durften, nur beim Verlassen der Bundesrepublik wurden sie wieder einmal vom Arm des Gesetzes festgehalten.

Auf diese unsinnige Beschäftigung deutscher Zollbeamten wurde der Verfasser durch einen Leserbrief eines betroffenen Zöllners aufmerksam gemacht. Mit auf den Druck auch von Anfragen des Verfassers hin, sieht eine Richtlinie vom 19.12.1984 eine allgemeine Zulassung von Fahrzeugen bis 15,50 m Länge ab 1. Juli 1986 vor, so daß die deutschen Zollbeamten ab diesem Zeitpunkt hoffentlich diesen Unsinn nicht mehr ausführen werden.

Es kommt nicht nur darauf an, in diesen Einzelfällen Abhilfe zu schaffen, sondern sich darüber hinaus grundsätzliche Gedanken für eine unbürokratischere Handhabung des freien Waren- und Dienstleistungsverkehrs in Europa zu machen. Eine besondere Schützenhilfe zur Entbürokratisierung lieferte der Europäische Gerichtshof in der bereits erwähnten Rechtssache Cassis de Dijon. Danach müssen alle Erzeugnisse, die in einem Mitgliedstaat vorschriftsmäßig hergestellt und in Verkehr gebracht wurden, grundsätzlich auf dem Markt jedes anderen Mitgliedstaats zugelassen werden. Die Möglichkeiten, die dieses Urteil des Gerichtshofs zur Aufhebung der technischen Handelshemmnisse bietet, sollten optimal genutzt werden. Im Hinblick auf Artikel 30 EWG-Vertrag sind Regelungen insbesondere dann unzulässig, wenn sie protektionistische Ziele verfolgen oder mitverfolgen oder, wenn die ihnen zugrunde liegenden legitimen Absichten in einer für den Handelsverkehr weniger einschränkenden Weise realisiert werden könnten. Eine vernünftige Auslegung der Rechtsprechung hinsichtlich des geschilderten Mineralwasserfalles kann einzig zu dem Ergebnis kommen, daß hier Großzügigkeit angezeigt ist und der freie Warenverkehr nicht behindert werden darf. Zum besseren Verständnis des Beitrags des Europäischen Gerichtshof zum freien Warenverkehr seien hier einige juristische Anmerkungen eingeschoben:

Nach einer Formel des Urteils Dassonville ist „jede Handelsregelung der Mitgliedstaaten, die geeignet ist, den innergemeinschaftlichen Handel unmittelbar oder mittelbar, tatsächlich oder potentiell zu behindern, . . . als Maßnahme mit gleicher Wirkung wie eine mengenmäßige Beschränkung anzusehen. Gleichwohl können die Mitgliedstaaten beim Fehlen einer einschlägigen europäischen Regelung – diese Regelung fehlt aufgrund des umständlichen Verfahrens gemäß Artikel 100 sehr häufig – weiterhin sinnvolle Maßnahmen ergreifen, wenn diese „keine Behinderung des Handels zwischen den Mitgliedstaaten bewirken, mithin von allen Staatsangehörigen erbracht werden können . . . und weder ein Mittel zur willkürlichen Diskriminierung noch eine verschleierte Beschränkung des Handels zwischen Mitgliedstaaten darstellen". Dies ist der Kerngehalt der sogenannten Rule of Reason, also der Vernunftregel. Diese Grundlage ist im Urteil Cassis de Dijon noch nachgeschärft worden. Nur noch solche, von innerstaatlichen Rechtsvorschriften herrührenden Handelshemmnisse seien hinzunehmen, die „notwendig sind, um zwingenden Erfordernissen gerecht zu werden, insbesondere den Erfordernissen einer wirksamen steuerlichen Kontrolle, des Schutzes der öffentlichen Gesundheit, der Lauterkeit des Handelsverkehrs und des Verbraucherschutzes" und mit denen ein „im allgemeinen Interesse liegendes Ziel, das den Erfordernissen des freien Warenverkehrs, der eine der Grundlagen der Gemeinschaft darstellt" vorgeht, verfolgt wird. Wie bereits ausgeführt, war im betreffenden Fall über eine deutsche Vorschrift zu befinden, wonach Fruchtsaftliköre wie Cassis de Dijon nur dann verkehrsfähig sind, wenn sie einen Mindestalkoholgehalt von 25 % aufweisen. Der Europäische Gerichtshof kam zu dem Ergebnis, daß diese Regelung, die auf den französischen Export nach Deutschland wie ein unsichtbarer Schlagbaum wirkte, mit Gründen des Gesundheitsschutzes und der Aufrechterhaltung des lauteren Wettbewerbs nicht gerechtfertigt werden könnte. Insbesondere habe die Transparenz des Alkoholangebots statt durch die Standardisierung der Produkte ebenso wirksam durch die Angabe von Herkunft und Alkoholgehalt auf der Verpackung gesichert werden können. Entscheidend ist hier also gewesen, daß kein vernünftiger Grund für den Importstop und die Behinderung des freien Warenverkehrs auszumachen war. Dieser vernünftige Grund fehlt auch in vielen anderen Fällen, die den Bürgern zurecht als bürokratisch kleinkariert erscheinen. Deshalb ist dieses Urteil ein Angelpunkt dafür, in Zukunft nur noch Behinderungen hinzunehmen, wenn diese absolut notwendig sind. Auf dieser Grundlage wäre es erforderlich, ein Stufenverhältnis zwischen Artikel 30 und Artikel 100 des EWG-Vertrags zu entwikkeln. Nur wenn Artikel 30, trotz einer äußerst großzügigen Interpretation, nicht angewandt werden kann, um den freien Handel innerhalb der Gemeinschaft zu gewährleisten, sollte auf der zweiten Stufe auf die Harmonisierung gemäß Artikel 100 des EWG-Vertrags zurückgegriffen werden. Die Kommission muß prüfen, ob in allen angezeigten Fällen einer Behinderung des innergemeinschaftlichen Warenverkehrs die Interpretation des Gerichtshofs in der Sache Cassis de Dijon angewandt wird.

Viertes Kapitel
Das umweltfreundliche Auto:
im Zick-Zack-Kurs durch Europa

Viele Bürger empfinden es als Widerspruch, daß sie routinemäßigen Kontrollen bei der Fahrt ins Nachbarland unterzogen
werden, während Umweltschmutz „ohne Zoll und Kontingente" die Grenzen überschreitet. Der politische Zick-Zack-
Kurs, den das umweltfreundliche Auto in Europa steuert, ist
ein Lehrstück für alle Verantwortlichen: Zug um Zug mit der
Verwirklichung des Binnenmarktes muß auch eine grenzüberschreitende europäische Umweltpolitik entwickelt werden!

„Die Grenze ist eine gedachte Linie zwischen zwei
Nationen, welche die vermeintlichen Rechte der einen
von den vermeintlichen Rechten der anderen trennt."
Ambrose Bierce, Wörterbuch des Teufels.

Herr Biedermeier und der grenzüberschreitende Umweltschutz

Johann Gottlieb Biedermeier, Schulmeister seines Zeichens, der
seinen Namen in verdienstvoller Weise einer ganzen Epoche ge-
liehen hat, stand an einem gewittrigen Tag um die Mitte des vori-
gen Jahrhunderts am Fenster seiner Wohnstube und sinnierte
über den Zusammenhang zwischen schützenden Staatsgrenzen
und den Gefahren der Natur:

> Ein Wetter steht grad über der Erd.
> Wenn's nur ins Württembergische fährt.
> Denn − tät es sich bei uns entladen,
> dann hätten wir, weiß Gott, Hagelschaden.

Diese schulmeisterliche Logik mag auf den ersten Blick zum
Schmunzeln verleiten, auf den zweiten stimmt sie uns nachdenk-
lich. Denn auch heute noch ist vielfach das gedankliche Grund-
muster anzutreffen, eine Gefahr nach dem „Sankt-Florians-Prin-
zip" für gebannt zu halten, wenn das eigene Territorium verschont bleibt und der Schaden dem auf der anderen Seite der
Grenze lebenden Nachbarn ins Haus steht. Wenn man im Bereich der grenzüberschreitenden Umweltverschmutzung in Europa die einzelnen Beispiele wie die Teilchen in einem Puzzle-Spiel
zusammenfügt, wird ein Bild erkennbar: Wir leben gegenwärtig
in Europa in einer „ökologischen Biedermeierzeit".

So harmlos wie beim geschilderten „badischen Wettersegen" des
Herrn Biedermeier, der den Hagelschaden auf die Fluren der
württembergischen Vettern herabwünschte, wirken sich die Folgen eines Denkens, das nur bis zur nächsten Kirchturmspitze
reicht und die grenzüberschreitende Dimension von Schicksals-
fragen außer acht läßt, heute im Bereich des Umweltschutzes
nicht mehr aus. Nationale Scheuklappen setzen angesichts der
internationalen Problemverflechtung die Chancen herab, unsere
natürlichen Lebensgrundlagen zu bewahren und unzerstört an
unsere Kinder weiterzureichen. Ein Beispiel par excellence für

den fatalen Bumerangeffekt törichter Kurzsichtigkeit und vernachlässigter europäischer Solidarität bietet der saure Regen. Schon zu Beginn der 70er Jahre wurde in Skandinavien Sturm geläutet, weil Seen „kippten" und Bäume kränkelten. Zu Recht wurde vermutet, daß die Katastrophe ferngesteuert war: Im Ruhrgebiet und englischen Industriezentren wollte man den Dreck, vor allem Schwefeldioxid, nicht mehr vor der Haustüre haben. Die Lösung auf die man allerorten verfiel, wäre so richtig nach dem Geschmack des Herrn Biedermeier gewesen. Unter der Bezeichnung „Hochschornsteinpolitik" wurden kurzerhand die Schlote so hoch aufgestockt, daß die Industrieabgase zunächst in die Atmosphäre gelangten, sodann vom Winde verweht schließlich in den skandinavischen Nachbarländern in Form von Regen, der teilweise den Säuregehalt von Essig übertraf, niedergingen. Der von Dänen und Schweden an die deutsche Adresse gerichtete Protest verhallte ohne Resonanz. „Wieso auch europäisch kooperieren, das ist doch nicht unser Problem", mögen sich die Verantwortlichen gedacht haben und blieben untätig. Gleichzeitig wurde in Europa gelangweilt und tatenlos zugesehen, wie Amerikaner und Japaner etwa ab 1970 dazu übergingen, die Abgasvorschriften für Autos zu verschärfen und die Einführung des Katalysators vorzubereiten. So wurden durch biedermeierliche Kirchturmperspektive beim Waldsterben in dramatischem Wettlauf mit der Zeit die ausländischen Warnleuchten übersehen und die überaus wertvolle Zeitspanne von einem Jahrzehnt politisch verschenkt. Auch in der ersten Hälfte der 80er Jahre, als wir Deutschen selbst in die Betroffenen-Position gerieten, und sich das Waldsterben wie ein Flächenbrand auszubreiten begann, wurden aus den Versäumnissen der Vergangenheit keine ausreichenden Lehren gezogen. Bis heute werden die grenzüberschreitende Dimension des Waldsterbens und der Stellenwert gemeinsamen europäischen Handels weit unterbewertet. Seit mehreren Jahren ist die Tatsache bekannt, daß etwa ein Drittel der im Schwarzwald niedergehenden Schadstoffe hausgemacht sind, aber zwei Drittel − ohne Zoll und Kontingente − aus dem Ausland importiert werden. Das bedeutet ganz nüchtern, daß wir allein mit nationalen Maßnahmen den Schwarzwald gar nicht mehr retten können, daß die europäische Zusammenarbeit zum Schlüsselfaktor für das Überleben unserer Region, unserer Heimat geworden ist. Es ist freilich ein mühsames Geschäft, unsere Nachbarn und Partner in der EG zu informieren, zu sensiblisieren und zu überzeugen. Allzu oft standen hier die Europaabgeordneten auf einsamen Posten. Dieses Licht ist mittlerweile sogar schon dem SPIEGEL aufgegangen, der in einer Titelgeschichte über den sterbenden Schwarzwald vom 17. Dezember 1984 nüchtern feststellte: „Das ist das Verrückte: daß einer Umweltpolitik auch mit größten Anstrengungen nicht allein machen kann, weder Stadt noch Land noch Bund. Der grenzüberschreitende Schmutz verlangt grenzüberschreitende Maßnahmen, also die Kooperation der Nachbarn. Die Bundesrepublik müßte Wegbereiter für den Umweltschutz in Europa werden – selber Beispiel geben und die anderen unter Druck setzen. Das macht Ärger, will lange währen und läßt die Schwarzwälder fürs erste weiter im sauren Regen stehen."

Vor diesem Horizont darf der enttäuschende Ministerbeschluß, der Luxemburger Kompromiß vom Juni 1985 über das umweltfreundliche Auto in Europa nicht mehr verwundern. Statt des von den Deutschen erwünschten „katalysatorischen Imperativs" kam in Luxemburg eine wachsweiche Kompromißformel heraus, die auch weiterhin dafür sorgt, daß das umweltfreundliche Auto im politischen Zick-Zack-Kurs durch Europa fährt! Es gehört freilich zu den Eigenheiten der „ökologischen Biedermeierzeit", daß sich ausgerechnet diejenigen am meisten über den EG-Beschluß empören, die am wenigsten Engagement für eine grenzüberschreitene Zusammenarbeit im Umweltschutz an den Tag legen.

Bevor wir weiter in das Thema einsteigen, müssen wir auf einen kritischen Einwand des Lesers eingehen: Kommt das abgasarme Auto nicht in ein Buch über Grenzen und Binnenmarkt in der EG wie Pontius Pilatus ins Credo? Wo überschneiden sich die beiden Themekreise, so daß eine Einbeziehung in diese Abhandlung gerechtfertigt, ja unumgänglich ist? Es sind drei wichtige Schnittstellen zu verzeichnen:

a. Das Recht auf freien Personenverkehr in Europa kann nicht nur an den Binnengrenzen beeinträchtigt, sondern faktisch auch an den Zapfsäulen beschränkt werden. Wenn beispielsweise ein Autofahrer aus Deutschland ein Fahrzeug mit Katalysator besitzt, muß er überall bleifrei tanken können. Um diese Reisefreiheit sicherzustellen, muß deshalb in ganz Europa ein flächendeckendes Netz von Zapfsäulen mit bleifreiem Benzin geschaffen werden.

b. Die Vollendung des Binnenmarktes auf dem Automobilsektor wird gebremst, wenn die einzelnen Mitgliedstaaten bei den technischen Vorschriften über Abgasreinigung getrennte Wege gehen. Denn auch Umweltnormen können, sofern sie national unterschiedlich ausfallen, als technische Handelshemmnisse wirken. Ein europäischer Wirrwarr hinsichtlich Leistungsvermögen und Einführungstermin des Katalysators führt zu einer weiteren Aufsplitterung des Automobilmarktes und bremst den innergemeinschaftlichen Handel. Nichts wäre für den Wald und den Binnenmarkt, für Ökologie und Ökonomie gesünder gewesen, als die rasche und konsequente Umstellung auf umweltfreundliche Fahrzeuge in der gesamten Gemeinschaft! Jetzt, nach einer langen Kette von Versäumnissen, muß wenigstens in der Europapolitik die Kunst des Möglichen geübt werden, um den Schaden einzudämmen.

c. Der Kontrast zwischen routinemäßigen Personen- und Warenkontrollen an den Binnengrenzen einerseits und die unzureichend kontrollierte, die Grenzen überschreitende Umweltverschmutzung andererseits, wird von den Bürgern zunehmend als Ärgernis empfunden. Nicht selten ergeht es dem Reisenden an der Grenze schlechter als dem „letzten Dreck": während dieser ungehindert passiert, wird jener kleinlichen Kontrollen unterworfen! Zur gleichen Zeit, in der 41 hochgiftige Dioxin-Fässer auf dem „Giftmülltrip" durch Europa sind, zahlen Urlaubsreisende 30 Pfennig Zoll bzw. Steuer für eine Flasche Wein, die über der Freimenge liegt. Der auf dem Mailänder Gipfel im Juni 1985 gefaßte und in der Einheitlichen Akte festgeschriebene Beschluß, bis 1992 etappenweise die Grenzkontrollen abzuschaffen und den Binnenmarkt zu vollenden, muß neue Impulse erhalten: Das grenzüberschreitende Eindämmen von Gift und Schmutz ist wichtiger als routineartige Grenzkontrollen für Personen und Waren!

„Tännlefriedhof"

„Das Bild vom Wald hat sich unversehens in sein genaues Gegenteil verkehrt", resümiert Wolf Hockenjos, Leiter des Forstamtes Villingen in seinem Schwarzwald-Buch mit dem Titel „Tännlefriedhof", „aus dem Urbild des Lebens ist ein Gegenstand des Mitleids und der Trauer geworden." Besonders pessimistisch stimmen die den Schadensverlauf charakterisierenden, der rätselhaften Krankheit Multiple Sklerose nicht unähnlichen, markanten „Krankheitsschübe". Die Diagnose nach einem solchen Schub zwischen Herbst 1983 und 1984 ist eine Art „Zwischenbilanz des Schreckens". Hier die wichtigsten Zahlen:

● Die geschädigte Waldfläche hat sich in der Bundesrepublik von 1983 auf 1984 von 34 auf 50 % ausgedehnt. Besonders dramatisch verläuft der Zerfallsprozeß im Schwarzwald, wo 70 % der Bäume geschädigt sind. Die Krankheit stellt sich nicht in die Warteschlange an den deutsch-französischen Grenzübergängen: „Le Waldsterben" färbt das blaue Band der Vogesen allmählich gelb, 30 000 Hektar sind schon krank.

● Die Weißtanne, die – zu dunklem Tann dicht formiert – dem Schwarzwald einst den Namen gab, leidet am stärksten unter der Luftverschmutzung. Nur sechs Jahre waren ins Land gegangen, seit der Staufener Forstbeamte Volker Roether zu erstenmal aufgrund von Beobachtungen in den Kammlagen von Belchen, Blauen und Schauinsland die Alarmglocke wegen des „Tannensterbens" zog. 1984 waren etwa 90 % der Tannen im Schwarzwald geschädigt.

● Auch die Laubbäume, die man lange für einigermaßen resistent hielt, welken jetzt immer frühzeitiger hin. Mehr als die Hälfte aller Buchen im Schwarzwald ist nicht mehr gesund, bei den Eichen schnellte die Schadensquote von einem Drittel auf zwei Drittel hoch. Stellvertretend für viele Forstleute im Schwarzwald hadert der Villinger Hockkenjos mit dem Schicksal: „Es steckt voller Ironie, daß ausgerechnet der naturnahe Bergmischwald des Schwarzwaldes als erster daran glauben soll, in welchen die Forstleute seit eh und je mehr ökologischen Sachverstand investierten als irgendwo sonst." Auch in den Folgejahren nach diesem „Krankheitsschub" läßt der Patient Wald keine Besserung erkennen. Die Waldfläche mit geschädigten Bäumen hat sich bundesweit im Jahre 1986 auf 54 % erweitert. In Baden-Württemberg zeigt das „Wald-EKG" 65 % geschädigte Flächen.

Wenn man über die Zukunft der Wälder nachdenkt, kommen einem die Zeilen aus den „Allemannischen Gedichten" von Johann Peter Hebel über den Belchen in den Sinn:

> „. . . D'Wiese het
> ke Wasser meh, 's isch alles öd und schwarz,
> und todtestill, so wit me luegt, das siehsch,
> und seisch di'm Kamerad, wo mitder goht:
> 'Lueg, dört isch d'Erde gsi, und selle Berg
> het Belche gheiße!' . . ."

Luftverschmutzung in Europa: „Akropolis adieu!"

Angesichts des dramatischen Schadensverlaufs im Schwarzwald und im deutschen Wald insgesamt, bewerkstelligt durch Schwefeldioxid und Stickoxide aus Industrieschloten und Auspufftöpfen aus dem In- und Ausland, stellt sich für die Europapolitik die Frage: Welchen Beitrag kann und muß die grenzüberschreitende Zusammenarbeit leisten? Wie werden die EG-Partner informiert, sensibilisiert, überzeugt?

Ein wichtiger Schritt, die anderen EG-Mitglieder zu gemeinsamen Aktionen zu bewegen, besteht in der „Problem-Sensibilisierung". Ein entscheidender Punkt hierbei ist, daß Informationen, die aus dem Aktenstudium oder aus Zeitungsartikeln bezogen werden, eine notwendige Grundlage schaffen, aber in der Regel keine ausreichende Betroffenheit erzeugen. Deswegen haben Europaabgeordnete aus Baden-Württemberg vom Instrument der „Vor-Ort-Aktion" Gebrauch gemacht. Dazu zwei Beispiele: Der ehemalige Präsident der EG-Kommission, Gaston Thorn, wurde durch eine „Schocktherapie" im Gewann „Zuflucht" bei Bad Peterstal erstmals mit dem Waldsterben persönlich konfrontiert. Er räumte nach der Veranstaltung, an der Europaabgeordnete, Ministerpräsident Späth und Forstexperten teilgenommen haben, ein, daß sich sein Problembewußtsein in Sachen Waldsterben geändert habe. Ein anderer Aspekt trat beim Versuch von Europaabgeordneten, darunter Engländer und Franzosen, auf einem Schwarzwaldhof bei Oberkirch zutage. Viele Landwirte sind auf ein Zubrot aus dem Wald dringend angewiesen, wenn die Existenz erhalten werden soll. Nachdem die Gefahren mit Hilfe der örtlichen Forstverwaltung klar aufgezeigt worden waren, nahm die aus Straßburg angereiste Delegation zur Verdauung der niederschmetternden Informationen den hausgebrannten Obstler gerne an. Es ist klar geworden: Die Schwarzwälder Uhr in den Wohnstuben dieser Familienbetriebe zeigt nicht „fünf vor zwölf" an, es ist schon zwölf, und der Kuckuck kündet vom wirtschaftlichen Ruin.

Ein anderer Ansatzpunkt, in Europa Verbündete im Kampf gegen die Luftverschmutzung zu gewinnen, besteht darin, bei den Schäden anderer Länder anzusetzen. Bei Griechen und Italienern ist es z.B. wenig erfolgversprechend, gleich mit dem kranken Baum ins Haus zu fallen, weil in diesen Ländern der Wald nicht den gleichen Stellenwert hat wie bei uns. Nicht erst die Luftverschmutzung des Industriezeitalters, sondern die römische Flottenpolitik hat sich in Italien wie „die Axt im Walde" aufgeführt. Der saure Regen schädigt indes nicht nur die Natur, sondern auch Bergwerke und Kulturdenkmäler.

Wertvolle Statuen der Akropolis, die schon an der Wiege westlicher Kultur und Demokratie standen, wurden vom sauren Regen bis zur Unkenntlichkeit zerfressen und mußten durch Duplikate ersetzt werden. So erhält der alte Schlager „Akropolis adieu" einen neuen, traurigen Sinn. Nicht besser erging es dem Reiterdenkmal von Marc Aurel auf dem Kapitol in Rom, das dem Vandaleneinfall und dem Raubbau an der antiken Kultur im Mittelalter standhielt, aber der Barbarei unseres Industriezeitalters schutzlos ausgeliefert war.

Ebensowenig werden die Kathedralen in Europa verschont. Das Freiburger Münster, von Reinhold Schneider ehedem als „unzerstörbar herrlich im Gemüte" gepriesen, wird peu à peu zu seiner eigenen Kopie, weil Statuen, Plastiken, Steine unter dem Einfluß der Luftverschmutzung zerbröseln und laufend ersetzt werden müssen. Was Wäldern und Bauwerken schadet, tut auch den Menschen nicht gut. Besonders das Gesundheitsrisiko von Kleinkindern steigt durch Schwefeldioxid und Blei, das durch die Verwendung bleihaltigen Benzins in die Umwelt gelangt. Gegenüber dem Argument der Gesundheit der Kinder wird sich kein Staat in Europa letztlich verschließen können; es fällt bei der Güterabwägung stark ins Gewicht, auch in Ländern, in denen das Waldsterben (noch) kein Problem ist. Diese Argumentationslinien haben zusammen mit den Vor-Ort-Aktionen im Europäischen Parlament durchaus ihre Wirkung nicht verfehlt. Das Parlament hat in einer Reihe von Entschließungen eine Art europäische „Großfeuerungsanlagen-Verordnung" zur Reduzierung von Schwefeldioxid- und Stickoxidemissionen, die Umstellung auf bleifreies Benzin und die Übernahme der strengen amerikanischen Autoabgas-Normen verlangt. Sogar der Wirtschaftsausschuß fordert in einer seiner ersten Stellungnahmen in der zweiten Legislaturperiode im Herbst 1984 die unverzügliche Umstellung auf das umweltfreundliche Auto noch in diesem Jahrzehnt. Bedauerlicherweise hat das Parlament nicht die Kompetenzen, darüber verbindlich zu beschließen, aber es hat sich doch als politischer Motor erwiesen, für die Einführung des umweltfreundlichen Autos − und darüber hinaus für die grenzüberschreitende Zusammenarbeit beim Umweltschutz insgesamt. Das nunmehr entscheidungsreife Beschlußpaket über die Katalysator-Frage lag ab Frühjahr 1985 auf dem Tisch des Ministerrates − mit besten Empfehlungen aus dem Europäischen Parlament und wütenden Protesten der französischen und italienischen Autolobby. So polemisierte etwa Peugeot-Chef Jacques Calvet: „Während wir die Abgasbelastung bereits um 70−80 Prozent verringert haben, will eine Bande von Hysterikern in Deutschland das Tempo beschleunigen und die industriellen und technischen Möglichkeiten übertreffen."

Europa-Rallye in der „Katalysatoren-Klasse":
der programmierte Fehlstart

Nach zähen Verhandlungen brachten die Wirtschafts- und Umweltminister am 25. Juni 1985 in Luxemburg eine Kompromißformel zustande, die für das umweltfreundliche Fahrzeug in Europa einen Start mit angezogener Handbremse bedeutet. Die Kernpunkte des programmierten Fehlstarts der Europa-Rallye in der Katalysator-Klasse lassen sich folgendermaßen zusammenfassen:

● *Der Zeitplan:* Die Luxemburger Entscheidung sieht kein einheitliches Startsignal für die Abgasreinigung vor; vielmehr gehen verschiedene Wagenklassen zu unterschiedlichen Termi-
nen an den Start. Am 1. Oktober 1989 wird die Eröffnungs-
runde in der Klasse der „Luxuslimousinen" gefahren. Ab diesem Zeitpunkt können Fahrzeuge über 2 Liter „unten ohne"
Katalysator nicht mehr neu zugelassen werden. Ab Oktober
1991 folgt der Konvoi Kleinwagen bis 1,4 Liter, erst ab 1993
wird die Abgasreinigung für Mittelklassefahrzeuge von 1,4 bis
2 Liter zur Pflicht.

● *Der Schutzfaktor:* Die angepeilten Euro-Normen für Abgas-
werte bleiben unter dem gegenwärtigen Stand der Technik.
Das politisch Realisierbare bleibt hinter dem technisch Mach-
baren zurück, nämlich 90 Prozent aller Abgase zu reinigen.
Der strenge US-Standard, von der Bundesregierung und dem
Europäischen Parlament empfohlen, wird in der alten Welt
nicht zum Zuge kommen. Vielmehr darf der Reinigungs-
faktor entsprechend dem Hubraum sinken. Während in der
Luxusklasse über 2 Liter die 90-Prozent-Marke wenigstens
annäherungsweise erreicht wird, sinken die Werte in der
Mittelklasse auf ca. 70 Prozent. Bei den Kleinwagen (unter
1,4 Liter Hubraum) ist gar nur noch mit einem Reinigungs-
grad von 50 Prozent gegenüber den bisherigen Kohlenmo-
noxid-, Kohlenwasserstoff- und Stickoxidemissionen zu
rechnen. Auf einer Tabelle (siehe Seite 84) der EG-Kommis-
sionen lassen sich die relativ laxen Umweltnormen auf einen
Blick erkennen:

● *Der Stand der Technik:* Beim abgasarmen Auto haben die Europäer auf den Ehrgeiz verzichtet, in die Führungsspitze des
technischen Fortschritts vorzudringen, an der sich die Vereinigten Staaten und Japan befinden. Die einem Reinigunsgrad
von 90 Prozent entsprechende strenge US-Norm ist nach dem
gegenwärtigen Stand von Wissenschaft und Technik nur mit
dem Drei-Wege-Katalysator und zusätzlichen elektronischen
Steuerungselementen im Motor zu schaffen. Die relativ laxen
EG-Abgaswerte für kleine und mittlere Wagen lassen sich jedoch auch mit einfacheren Mitteln erreichen, z.B. mit einem
halb so teueren, nicht elektronisch geregelten „Einfach-Kata-

Maximale Abgaswerte			
Hubraum	Kohlen-monoxid	Stickoxid u. Kohlen-wasserstoff	davon Stick-oxide
	Gramm pro Test		
Über 2 Liter (Von Oktober 1989 an)	25	6,5	3,5
1,4 bis 2 Liter (Von Oktober 1993 an)	30	8	4
Bis 1,4 Liter (Von Oktober 1991 an)	45	15	6

lysator". Wer glaubt, hier den Schlüssel für eine wettbewerbs-
fähige europäische Technologie-Gemeinschaft entdeckt zu
haben, möge laut „(H)EUREKA" rufen!

Dieser „Luxemburger Kompromiß" ist überhaupt nur verständ-
lich, wenn man in Rechnung stellt, daß nicht nur die Lage im
Wald, sondern auch in der Automobilindustrie in verschiedenen
Mitgliedstaaten große Unterschiede aufweist. Der „Kleinwagen-
Bonus" bei den Abgaswerten stellt ein Entgegenkommen an die
Italiener und Franzosen dar. Während in diesen Ländern der
Marktanteil der Kleinwagen bei zwei Drittel liegt, beträgt er in
der Bundesrepublik nur etwa ein Drittel, wo Mittelklassewagen
besonders hoch im Kurs stehen. Dies zeigt die deutsche Statistik
der Neuzulassungen: 32 Prozent Kleinwagen, 55 Prozent Mittelklassewagen, 13 Prozent Luxusklassewagen. Einen raschen und
einheitlichen Starttermin bis 1989 hätte auch die italienische und
französische Automobilindustrie weniger verkraftet als die deutsche. Denn die deutsche Automobilbranche hat trotz heftigen
Widerstandes gegen strenge Abgasvorschriften in der Öffentlichkeit hinter den Werktoren mit großem Aufwand am umweltfreundlichen Auto gearbeitet, schon deshalb, um die Türe zum
US-Export nicht zuzuschlagen. Demgegenüber haben andere europäische Automobilhersteller und Zulieferbetriebe nicht auf die
Karte des umweltfreundlichen Autos gesetzt und die politische

Entwicklung verschlafen. Die Entscheidung in Luxemburg nimmt mit ihrem großzügigen Zeitplan Rücksicht auf diese Nachzügler, die sich in einen gefährlichen Wettbewerbsnachteil hineinmanövriert hatten. Diese Rücksicht ist nicht nur umweltpolitisch, sondern auch wettbewerbspolitisch falsch, weil damit eine „Prämie für technologische Rückständigkeit" ausgesetzt wurde. Nur wenn in der Europäischen Gemeinschaft frühzeitig strenge Umweltnormen der Industrie als Maßstäbe gesetzt werden, löst die Politik Impulse für den umwelttechnologischen Fortschritt aus, der die Basis für Exportfähigkeit und damit die Schaffung von Arbeitsplätzen in diesem Bereich ist. Für den Wald bedeutet die Entscheidung der Umwelt- und Wirtschaftsminister eine „Sterbehilfe". Die zwischen 1989 und 1993 beginnende Umstellung auf relativ saubere Fahrzeuge wird voraussichtlich erst − wenn nicht bald eine Nachbesserung beschlossen wird − um das Jahr 2000 abgeschlossen sein. Zu diesem Zeitpunkt wird − zumindest im Schwarzwald − keine Rettung mehr möglich sein, sondern nur noch ein Wiederbelebungsversuch in Form neuer Anpflanzungen denkbar sein. Im Kontext der „ökologischen Biedermeierzeit" ist in Luxemburg das mögliche erreicht worden, vor einem Hintergrund des Waldsterbens ist das Notwendige verfehlt worden. Diese Lücke zwischen Anspruch und Wirklichkeit kann in Zukunft nur geschlossen werden, wenn Wille und Fähigkeit zur grenzüberschreitenden Zusammenarbeit in Europa erheblich vermehrt und ausgebaut werden. Wie soll es nun bei der gegenwärtigen Geschäftsgrundlage weitergehen? Wenn eine Lösung „aus dem Guß" in der Form des sofortigen Starts des umweltfreundlichen Autos in der EG nicht möglich ist, müssen nach dem Mosaik-Prinzip viele kleine Elemente zusammengesetzt werden, um am Ende die Luftverschmutzung in Europa erheblich zu verringern. Hier kann das genannte baden-württembergische Konzept zur Schadstoffverminderung wertvolle Anregungen vermitteln − für die nationale und europäische Politik. Es würde den Rahmen dieser Abhandlung sprengen, an dieser Stelle die Konturen einer europäischen Umweltpolitik aufzuzeigen, es sollen nur einige „Mosaiksteine" beigebracht werden:

- *Gebrauchtwagen nachbessern!* Gerade weil nun bei Neuwagen die Abgasreinigung verzögert wird, müssen Anreize für die Umrüstung von Gebrauchtwagen geschaffen werden. Diese „Nachbesserung" des Altwagenbestandes brächte, selbst wenn nur 50 Prozent der Schadstoffe herausgefiltert werden, als Sofortmaßnahme eine spürbare Erleichterung für den Wald.
- *Bleifreies Benzin verbilligen!* Umweltfreundliches Fahren darf an der Zapfsäule nicht länger bestraft werden! Bleifreies Benzin darf zumindest nicht teurer sein als bleihaltiger Kraftstoff, wenn möglich sollte es noch ein bis zwei Pfennige billiger sein. Auch die schweizer Praxis ist überlegenswert: Dort ist verbleites Normalbenzin verboten. Wer dem bleifreien Normalkraftstoff ausweichen will, muß notgedrungen das teuere Super nehmen. Außerdem muß unverzüglich in ganz Europa ein flächendeckendes Netz von Tankstellen mit bleifreiem Benzin im Angebot geschaffen werden.
- *Stickoxide in der Industrie verringern!* 55 % des Stickoxids stammen aus Auspufftöpfen, aber immerhin 44 % aus anderen Quellen, vor allem aus Kraftwerken und anderen umweltbelastenden Industrieanlagen, die „Entstickungs-Vorschriften" müssen jetzt auch für Altanlagen weiter verschärft werden.
- *Verschärfung der Großfeuerungsanlagen-Verordnung!* Die bisherigen Vorschriften umfassen vor allem genehmigte und in Betrieb befindliche Anlagen mangelhaft. Der Fall „Buschhaus" hat gezeigt, daß das bisherige Vorschriftennetz zu löchrig ist, um eine dem Stand von Wissenschaft und Technik entsprechende Filterung, vor allem Rauchgasentschwefelung, durchzusetzen. In diesem Bereich müssen umsichtig und hartnäckig europäische Initiativen eingeleitet werden, um die nationalen Anstrengungen abzurunden und dem grenzüberschreitenden Umweltschutz Einhalt zu gebieten.
- *Schwefelanteil senken!* Europaweit sollte der Verbrauch von schwerem Heizöl vermindert und der Schwefelgehalt in Heizöl und Diesel gesenkt werden. Auch dies wäre ein Beitrag, um die Schwefeldioxid-Schadstoffe zu verringern.

Fünftes Kapitel
Neue Technologien: Möglichkeiten ohne Grenzen

Der Sprung neuer Technologien von Forschung und Entwicklung zur weltweiten Markteinführung schafft das Potential für Investitionsschübe großen Ausmaßes. Die EG-Kommission schätzt, daß der Ausbau der Telekommunikation „Gelder in der Größenordnung um 100 Milliarden ECU in bestimmte Wirtschaftszweige lenkt". Problem: das Festklammern an unterschiedlichen nationalen Normen schafft neue technische Handelshemmnisse, splittert den Markt in Europa auf und führt zu Wettbewerbshandicaps gegenüber USA und Japan. Solche Normen wirken wie „unsichtbare Schlagbäume", der Handel gerät ins Stocken, die Konkurrenz auf dem Weltmarkt hat den Vorteil. Eine Kombination zwischen Liberalisierung und EG-Normen ermöglicht offene Grenzen, also: die Euro-Norm beschwingt enorm!

„Wenn man nicht kämpft, wenn der Sieg sicher und zu einem niedrigen Preis zu erlangen ist, kann der Moment kommen, in dem man unter widrigen Umständen und verminderten Überlebenschancen kämpfen muß."

Winston Churchill

Binnengrenzen – „Mausoleum der verpaßten Zukunftschancen?"
Zwei deutsche Geschäftsleute unterhalten sich auf dem Flug von Frankfurt nach Tokio: „Haben Sie das gelesen? Die Zeitung berichtet von einem weiteren Flugzeugunglück." – „Ja, ich habe es gelesen. Wir stehen auf der Liste der Toten."
Diese Art Galgenhumor beim Handel mit den fernöstlichen Konkurrenten kennzeichnet die Stimmung vieler Europäer zwischen Furcht und Hoffnung: seit einigen Jahren folgt eine Hiobsbotschaft der anderen – gleichwohl stellen wir erstaunt fest, daß die europäische Wirtschaft noch eine Überlebenschance hat, daß der zur Selbstbehauptung nötige Funke noch nicht erloschen ist. Wohin sich die Waage mit der 15jährigen Zeitspanne vor der Jahrtausendwende neigen wird, hängt maßgeblich von der Antwort auf folgende Schlüsselfragen ab:
Werden wir Europäer beim weltwirtschaftlichen Umbruch im Zuge der Einführung neuer Technologien in einer passiven Zwischenrolle verharren oder in eine aktive Position zur Steuerung und Gestaltung des tiefgreifenden technologischen Wandels gelangen? Der Leitgedanke, der sich wie ein Ariadnefaden durch dieses Kapitel zieht und anhand ausgewählter Bereiche neuer Technologien belegt werden soll, lautet: Nur auf dem festen Fundament eines gemeinsamen Binnenmarktes in der Europäischen Gemeinschaft können die Herausforderungen gemeistert werden. Ein durch Grenzen zersplittertes und durch Handelshemmnisse gelähmtes Europa müßte einer Kursveränderung des Welthandels vom atlantischen in den pazifischen Raum – dessen Pole duch die Westküste der USA und die aufstrebenden fernöstlichen Industrienationen markiert werden – tatenlos zusehen. Getrennt bleibt den europäischen Staaten nur die Flucht in die „sozialpolitischen Rettungsboote", den Kurs bestimmen und steuern können wir indes nur gemeinsam.
Zu einem „Milliarden-Grab" für die Wirtschaft sind die Europa

trennenden Grenzen und Barrieren unter den obwaltenden Umständen geworden; bei der weiter zunehmenden internationalen Verflechtung, die mit der Einführung neuer Technologien einhergeht, würde dieses Grab, um im Bild zu bleiben, zu einem „Mausoleum der verpaßten Zukunftschancen" in Europa ausgebaut werden — falls nicht rechtzeitig politische Maßnahmen zur konsequenten Verwirklichung der Freiheiten des Gemeinsamen Marktes durchgeführt werden.

Die Gemeinschaft muß sich auf die wirtschaftspolitischen Instrumente besinnen, die ihr zu Verfügung stehen, um einen Gemeinsamen Markt im Bereich der Spitzentechnologien zu schaffen. Bei der Formulierung ihrer Strategie muß die Gemeinschaft davon ausgehen, daß mehr als die Hälfte der bahnbrechenden Erfindungen der letzten Jahrzehnte nicht in Großforschungseinrichtungen und Großunternehmen gemacht worden sind, sondern in kleinen und mittleren Unternehmungen und kleineren Forschungsinstituten. Auch in der Forschung kann schiere Größe zu einer Bürokratisierung führen, welche die Innovation lähmt. Darum kann es nicht in erster Linie darauf ankommen, die Voraussetzung für die Zusammenlegung von Forschungskapazitäten europäischer Unternehmungen zu schaffen. Vielmehr ist es wesentlich wichtiger, den vielen kleinen und mittleren Unternehmungen in Europa den Zugang zum großen europäischen Markt zu verschaffen, der ihnen bisher durch zahlreiche technische Handelshemmnisse erschwert ist.

Dazu ein Beispiel: ein Erfinder, welcher beabsichtigt, sich selbständig zu machen und auf der Basis einer Erfindung ein Unternehmen zu gründen, muß in Europa etwa den gleichen Betrag aufwenden wie sein Kollege in den Vereinigten Staaten, um das Produkt zu entwickeln und es serienreif zu machen. Um jedoch dann das investierte Geld wieder hereinzuholen, hat er aufgrund unterschiedlicher technischer Normen, verschiedener nationaler Handelshemmnisse in Europa in der Regel nur einen der nationalen Märkte zu seiner Verfügung, während seinem Konkurrenten in den Vereinigten Staaten von vornherein ein Markt kontinentalen Ausmaßes zur Verfügung steht. Dies kann dazu führen, daß die gleiche Investitionsrechnung, welche in den Vereinigten Staaten zu einem positiven Resultat führt, in Europa ein negatives Ergebnis hat. Der unvollendete Binnenmarkt wirkt hier als Investitions- und Innovationsbremse. Aufgrund der Beschlüsse der Staats- und Regierungschefs in Luxemburg muß jetzt ein neuer Anlauf unternommen werden, um bis 1992 den europäischen Binnenmarkt im Bereich der Spitzentechnologien zu schaffen.

Dazu stehen der Gemeinschaft fünf Instrumente zur Verfügung: Gemeinsame technische Normen, die gegenseitige Anerkennung von Prüfzeugnissen, das Europäische Patent, die Europäische Marke und die europaweite Ausschreibung öffentlicher Aufträge.

Bei der Schaffung gemeinsamer technischer Normen hat die Gemeinschaft zunächst einen falschen Weg beschritten. In einer großen Anzahl von Fällen haben es die Dienststellen der Kommission unternommen, selbst derartige Regelungen mit allen technischen Details auszuarbeiten. Dies hat in verschiedenen Fällen, wie beispielsweise bei der sogenannten Spielzeugrichtlinie und der Richtlinie für Überrollbügel bei landwirtschaftlichen Zugmaschinen, zu kuriosen Ergebnissen geführt, welche dem Ruf der Europäischen Gemeinschaft nicht gerade zuträglich waren. Demgegenüber hat das Parlament den Vorschlag gemacht, die Europäischen Normeninstitute CEN/CENELEC zu einem leistungsfähigen und autonomen Europäischen Normeninstitut auszubauen, und die Ausarbeitung der technischen Details derartiger Regelungen auf dieses zu übertragen. Im nationalen Bereich hat man mit diesem sogenannten Verfahren des Verweises auf technische Normen gute Erfahrungen gemacht. Zur Zeit wird es an einigen Beispielen in der Europäischen Gemeinschaft erprobt.

Wenn gleiche oder zumindest vergleichbare technische Normen bestehen, ist es möglich, die staatlichen Prüfzeugnisse gegenseitig anzuerkennen. Dies würde dann beispielsweise bedeuten, daß ein neuer Kraftfahrzeugtyp, der den Zulassungsweg eines Mitgliedslandes durchlaufen und das entsprechende Prüfzeugnis erhalten hat, dann automatisch auch in den anderen Mitgliedsländern der Gemeinschaft zugelassen werden müßte. Dies würde den betreffenden Firmen Mehrfachentwicklungen und einen großen administrativen Aufwand ersparen. Voraussetzung ist allerdings, daß die Prüfinstitute der Gemeinschaftsländer einen vergleichbaren Standard aufweisen. Hier könnte es für kleinere Länder notwendig werden, sich mit anderen zusammenzutun, um diese Voraussetzung erreichen zu können.

Die Errichtung des Europäischen Patentamtes in München war ein wesentlicher Schritt auf dem Wege zu dem Gemeinsamen Markt der Spitzentechnologien. Wenn ein Erfinder an einem Ort einen Patentschutz für ganz Europa erhalten kann, ist dies ein wesentlicher Schritt vorwärts. Allerdings kann das Patentamt noch nicht seine volle Wirksamkeit entfalten, weil die Ratifizierung des Luxemburger Patentabkommens noch immer durch Dänemark blockiert wird. Hier dürfte bald der Zeitpunkt gekommen sein, wo es notwendig sein wird, dieses Abkommen zwischen denjenigen Ländern in Kraft zu setzen, welche dazu bereit sind.

Die Verwirklichung eines europäischen Markenrechtes wäre ein Schritt von vergleichbarer Bedeutung. Vorschläge der Kommission dazu, die auch vom Parlament unterstützt werden, liegen bereits auf dem Tisch. Wir müssen möglichst bald erreichen, daß kleinere Firmen an einem Ort den europäischen Markenschutz für neue Produkte erhalten können.

Mindestens ebenso wichtig ist die europaweite Ausschreibung im Bereich der Spitzentechnologien. Wenn es gelänge, diese im Bereich der Telekommunikation und Teilen des Verteidigungsmarktes durchzusetzen, wäre dies ein gewaltiger Schritt nach vorn.

Die Zeit drängt. Denn im Wettbewerb mit den USA und Japan muß sich Europa doppelt anstrengen, weil es mit einigen Handikaps ins Rennen geht:

— Das Handelsbilanzdefizit der EG gegenüber Nippon erreicht ständig neue Rekordmarken; im Jahre 1984 betrug es 11 Milliarden Dollar. Hinter dieser Zahl verbirgt sich eine aggressive Exportstrategie Japans, wobei gleichzeitig die Erzeugnisse der Handelspartner mit der Geschicklichkeit von Judokämpfern abgeblockt werden. Es ist schwer, auf den GATT-Konferenzen und Wirtschaftsgipfeln einen richtigen Griff gegen die Japaner anzusetzen, weil sie nicht die breite Angriffsfläche hoher Zölle bieten, sondern die subtilere Waffe der nichttarifären Handelshemmnisse einsetzen.

– Das Verhältnis von (gegenwartsorientiertem) Konsum und (zukunftssichernden) Investitionen ist in Europa in den siebziger Jahren aus dem Lot geraten. Die relative Wettbewerbsfähigkeit der EG auf dem Weltmakrt hat sich verschlechtert, weil die Produktivität in der Gemeinschaft in den letzten zehn Jahren um 10 % hinter den Lohnerhöhungen zurückgeblieben ist, während in den USA und in Japan diese beiden Kennzahlen in einem positiven Verhältnis zueinander stehen. Die Sozialaufwendungen in der Gemeinschaft sind in Prozent der Lohn- und Gehaltskosten etwa zweimal so hoch, wie bei unseren Mitbewerbern in USA und Japan. Der öffentliche Konsum beträgt in Europa über 50 % des Bruttosozialproduktes, in den USA und Japan dagegen nur etwa 35 %.

– Die Drehscheibe des Welthandels verlagert sich zunehmend vom Atlantischen Ozean zum Pazifischen Ozean. In wirtschaftlicher Hinsicht ist der „Stille Ozean" nicht mehr still, bei einer steigenden Zahl seiner Anrainer, darunter Taiwan, Korea, Hong-Kong, fürderhin wohl auch die Volksrepublik China, herrscht reges, auf den Export ausgerichtetes, ökonomisches Teiben. Hinzu kommt, daß für wirtschaftliche Pioniere in den USA das Motto „go west" neuen Klang hat – Stichwort Silicon Valley – so daß auch in den Vereinigten Staaten eine Schwerpunktverlagerung von der Europa zugewandten Ostküste in Richtung auf die pazifische Westküste zu beobachten ist.

– Ein Warnsignal für den alten Kontinent ist die Tatsache, daß in einigen Branchen der Zug ohne uns abgefahren ist. In der Computerbranche übernahmen z.B die Amerikaner die Initiative wie in Glenn Millers Zugfahrt „Chattanooga Choo Choo", in der es heißt: „Step aside partner, it's my day!" Die Europäer, die am „Bahnsteig der technologischen Zukunft" zu Seite traten, müssen heute acht von zehn Personalcomputern aus den USA einführen. Bei Hi-Fi und Video befinden wir uns ohnedies auf dem Abstellgleis, hier ist der Siegeszug der Japaner weltweit nahezu perfekt. Neun von zehn Videorekordern, die in Europa gekauft werden, stammen aus Japan.

– Die wirtschaftliche Konsolidierung hat die Arbeitslosenzahlen nicht merklich zu drücken vermocht. Anders als in USA und Japan ist den Europäern die Schaffung neuer Arbeitsplätze bislang nur unzureichend gelungen – dies ist der bedrükkendste Umstand der gegenwärtigen Wirtschaftslage. Die 600 000 Amerikaner, die jährlich eine eigene Firma gründen, lösen nicht nur ihr eigenes Beschäftigungsproblem, sondern schaffen Jobs für viele andere. Während in der Europäischen Gemeinschaft die Zahl der Arbeitsplätze stagnierte, sind in den USA innerhalb der letzten zehn Jahre 23 Millionen neue Jobs entstanden. Um so wichtiger ist es, daß bei der Diskussion über neue Technologien der Arbeitsplatzeffekt nicht falsch eingeschätzt wird.

Eine der Hauptsünden der Vergangenheit ist die Unterschätzung des Zeitfaktors, die zum Wettbewerbsvorsprung der internationalen Konkurrenz führt. Das skrupulöse öffentliche Abwägen über Vorteil oder Schaden neuer Technologien – unter Einfluß wirtschaftlicher, ökologischer und sozialer Auswirkungen – ist unerlässlich, aber es darf nicht zu wesentlichen Verzögerungen in der Forschungs- und Entwicklungsphase führen. Sonst kann der Preis im Verlust vieler Arbeitsplätze bestehen, weil diese Produkte dann importiert werden müssen. Das Versäumen des günstigsten Zeitpunkts an der Nahtstelle zwischen Diskussion und Entscheidung über neue Technologien schafft Arbeitsplätze – in Fernost. Auch hier gilt, was Winston Churchill über das Ausnutzen der Gunst der Stunde in anderem Zusammenhang sagte: „Wenn man nicht kämpft, wenn der Sieg sicher und zu einem niedrigen Preis zu erlangen ist, kann der Moment kommen, in dem man unter widrigen Umständen und verminderten Überlebenschancen kämpfen muß."

Trotz aller berechtigten Skepsis ist derzeit die weltwirtschaftliche Konstellation günstig und räumt den Europäern gute Chancen ein, sich im internationalen Wettbewerb zu behaupten. Aus einer Reihe von positiven Faktoren, die ein Potential für die deutsche und europäische Wirtschaft darstellen, seien einige aufgelistet:

– Die Bundesrepublik Deutschland eroberte im Jahre 1984 den zweiten Platz hinter den USA unter den großen Exportnationen zurück. Für 488 Milliarden Mark verkauften deutsche

Unternehmen Güter und Dienstleistungen jenseits der Grenzen. Besonders wichtig: an der Spitze der Exportprodukte rollten Autos im Wert von 55 Milliarden Mark ins Ausland. Dies ist ein Beweis dafür, daß die Automobilbranche hierzulande sich der Konkurrenz zu stellen vermag und der Nimbus Japans als unaufhaltsamer Aufsteiger gebrochen wurde.

— Bei den wichtigsten Linien neuer Technologien, z.B. im Bereich der Telekommunikation, Biotechnologie und alternativen Energiequellen, ist das Rennen noch keineswegs gelaufen. Hier besitzen europäische Unternehmer wegen der hohen Qualifikation der Facharbeiter und der Kapazität für individuelle Problemlösungen eine ganz besondere Marktchance gegenüber den auf massive Serienproduktion spezialisierten Japanern.

— In den letzten Jahren ist in der politischen Auseinandersetzung nach Jahren starken Widerstandes gegen technische Projekte, der bisweilen in einer regelrechten Technikfeindlichkeit gipfelte, die öffentliche Akzeptanz, die Anerkennung des Stellenwertes der Technik, wieder deutlich gestiegen. Die Mehrheit der Bundesbürger ist sich z.B. in der Energiepolitik darüber im klaren, daß es keine hinreichende Alternative zum Bau neuer Kraftwerke darstellt, sich in der Vorstellung zu sonnen, daß wir die Gefahren gründlicher diskutieren als unsere europäischen Nachbarn. Seit der Reaktorkatastrophe in Tschernobyl in der Sowjetunion ist die Einsicht gewachsen, daß wir nur durch gemeinsame Anstrengungen aller EG-Partner ein grenzüberschreitend hohes Sicherheitsniveau erreichen und alternative Konzepte verwirklichen können. Dies erzeugt — ohne in den naiven Fortschrittsglauben der vergangenen Jahrzehnte zurückzufallen — ein annehmbares politisches Klima für Entscheidungen, die technologische Umwälzungen betreffen.

— Es wächst die Einsicht, daß kein Weg an der Europäischen Gemeinschaft vorbeiführt, um den neuen Technologien zum Durchbruch zu verhelfen. Nur vor dem Hintergrund einer gemeinschaftlichen Dimension können Wissenschaft und Wirtschaft das für Innovationen nötige, personelle, finanzielle und kommerzielle Potential aufbringen.

Deshalb gibt es Hoffnungen, daß Europa die Herausforderung annimmt und die verlorenen Märkte zurückerobert, so daß neue Arbeitsplätze geschaffen und in allen Wirtschaftsbereichen das Innovationspotential und die Wettbewerbsfähigkeit gesteigert werden können. In den noch verbleibenden 13 Jahren bis zum Ende des Jahrhunderts muß die Gemeinschaft ihre Tätigkeit ausbauen und neue Schwerpunkte setzen, indem sie den neuen Technologien die gleiche Bedeutung beimißt, die sie schon seit langem den Problemen der Landwirtschaft oder der Stahlindustrie entgegenbringt.

Werden die hier aufgezeigten Chancen und Möglichkeiten tatsächlich genutzt, wird das Potential ausgeschöpft? Dies hängt wesentlich davon ab, daß der Handlungsbedarf der EG ermittelt und ihr demgemäß der notwendige Handlungsspielraum eingeräumt wird. Bei der Gründung der EWG hat man die Schlüsseltechnologien der Nachkriegszeit, den Montanbereich sowie die Atomenergie, der man allgemein eine strahlende Zukunft beimaß, europäisch gebündelt, was im EGKS- und Euratom-Vertrag seinen Niederschlag fand. Heute sind Kohle und Stahl zu den Problembereichen geworden. Die europapolitische Halbwertszeit des Einflusses von Euratom auf die Entwicklung der Kernenergie war außerordentlich kurz. Heute, eine Generation nach Gründung der Europäischen Gemeinschaft, kommt es darauf an, die friedliche Nutzung von Zukunftstechnologien in gemeinsamer Anstrengung voranzutreiben − dies ist die zentrale Aufgabe im „Europa der zweiten Generation". Ceterum censeo: Europa ist kein Kontinent der unbegrenzten Möglichkeiten, aber unbegrenzt, d.h. bei überwundenen Grenzen, steigen die Möglichkeiten beträchtlich.

Satelliten-Fernsehen: eine „Euro-Vision" wird Wirklichkeit

Die technische Entwicklung der elektronischen Massenmedien führt zu einer geradezu „Kopernikanischen Wende" beim Fernsehen: Die Mehrzahl der Bürger in Europa kann schon in naher Zukunft via Kabel- und Satellitenfernsehen per Knopfdruck zwischen einheimischen oder ausländischen Sendungen wählen. Der Traum eines europäischen Bildungs-, Informations- und Unterhaltungsangebots erfüllt sich, eine „Euro-Vision" wird nunmehr

Wirklichkeit: Der deutsche Urlauber braucht an der Côte d'Azur auf die Sportschau am Samstag nicht mehr zu verzichten, der französische Sprachschüler kann sich den Agatha-Christie-Krimi im englischen O-Ton anhören, dem italienischen Gastarbeiter eröffnet sich die Möglichkeit, von der „Tagesschau" auf Nachrichten in Rom umzuschalten. Diese europäische Option ist für das zentrale Anliegen dieses Buches, eine Bresche in die Völker und Länder trennenden Grenzen in Europa zu schlagen, von höchster Relevanz: der technische Fortschritt sprengt den durch nationale Staatsgrenzen abgezirkelten Kreis der Sendegebiete und schafft ein offenes Feld grenzüberschreitender Telekommunikation. Die Entwicklung verläuft derzeit so stürmisch, daß eine Wiedergabe des Stands der Technik veraltet wäre, bevor bei dieser Publikation die Druckerschwärze trocken ist. Während ein deutsches Nachrichtenmagazin vom anderen abkupfert, wieviel Meter Kupferkabel Postminister Schwarz-Schilling verlegen läßt, sind Wissenschaft und Technik schon zum leistungsfähigeren Glasfaserkabel vorgedrungen. Künftig läuft auf diesem Strang das „Antennenwaldsterben" auf den Dächern weiter. Das Satellitenfernsehen, das vor wenigen Jahren noch utopisch erschien, ist in greifbare Nähe gerückt. Die europäische Rakete „Ariane", bis vor kurzem wegen ihrer Fehlstarts geradezu ein Symbol für die technologische Lücke zwischen Europa und den USA in der Raumfahrttechnik, zündet nunmehr ebenso wie eine Reihe anderer europäischer Ideen. Die Gesellschaft Ariane-Space plant bis zum Jahr 2000 etwa zehn Satelliten jährlich. Durch die ständige Verbesserung und Verkleinerung der Parabolantenne − wegen ihrer Form auch „Tele-Suppentasse" genannt − mit der die Signale des in einer 36000 km entfernten Umlaufbahn befindlichen Satelliten empfangen werden, wird die Schwelle zur wirtschaftlichen Markteinführung − der hoffentlich ein EG-Binnenmarkt zur Verfügung stehen wird − laufend verringert.

Nichts wäre verkehrter als die technokratische Annahme, die technische Entwicklung würde im Wege der Selbststeuerung, also in einer Art „Blindflug" zu den angestrebten Vorteilen für die Bürger und den erwünschten grenzüberschreitenden Effekten führen. Die „Euro-Vision" kommt eben nicht ohne weiteres per Knopfdruck, sondern die technologischen Veränderungsprozesse müssen politisch gesteuert werden, damit die Menschen nicht zum Opfer der Technik werden. Wir befinden uns Mitte der 80er Jahre in einer Entscheidungsphase, in der die Weichen bis über die Jahrtausendwende hinaus gestellt werden. Eine ganze Legion von Interessenvertretern, darunter Unternehmer, Werbemanager, Medienfachleute und politische Gruppen unterschiedlicher Couleur, ist angetreten, um einen Teil des durch die neuen Technologien geschaffenen Terrains für eigene Zwecke zu erobern.

In dieser Situation darf die Europäische Gemeinschaft nicht unbeteiligt beiseite stehen und das Feld anderen überlassen. Im technischen Bereich ist die Gemeinschaft gefordert, gemeinsame Normen sichzustellen, um zu vermeiden, daß sich das Debakel der Aufsplitterung in die Bereiche von PAL und SECAM wiederholt. Auch fällt die Ausstrahlung von Fernsehsendungen unter die Rubrik der Dienstleistungen, auf welche die Freizügigkeitsregeln der Gemeinschaft Anwendung finden. Im Bereich der Werbung stehen wir vor der Notwendigkeit, gemeinsame Regeln zu schaffen, da sonst durch die Möglichkeit des Empfangs über die Grenze hinweg ein Durcheinander entstünde, welches im Interesse keines Mitgliedslandes sein kann.

Wenn das Europäische Parlament rechtzeitig Wegweiser für die technische Entwicklung aufgestellt hat, dann ist dies vor allem das Verdienst eines Europaabgeordneten, der mit politischem Weitblick bereits Anfang der 80er Jahre ein tragfähiges Konzept vorlegte: Professor Wilhelm Hahn. Der ehemalige badenwürttembergische Kultusminister setzte sich nach seiner Wahl im Jahre 1979 nicht aufs „Altenteil" im Parlament zu Straßburg (was die vox populi manchem im Ehren ergrauten elder statesman unterstellte), sondern krempelte vielmehr die Ärmel hoch und wurde Berichterstatter des Parlaments „über Rundfunk und Fernsehen in der Europäischen Gemeinschaft." Vom Hahn-Bericht, der am 12. März 1982 vom Europäischen Parlament einstimmig angenommen wurde, gingen politische Funksignale aus, welche die Diskussion bis heute maßgeblich bestimmen. Der Aufforderung, eine „Europäische Rundfunk- und Fernsehrahmenordnung" zu erarbeiten, entsprach die EG-Kommission und legte am 14. Juni 1984 ein „Grünbuch über die Errichtung des Gemeinsamen Marktes für den Rundfunk, insbesondere über Satellit und Kabel" vor.

Welches sind beim „Fernsehen ohne Grenzen" die zentralen Problemkreise aus der Perspektive der Europäischen Gemeinschaft, die gemeinsame Entscheidungen und grenzüberschreitende Tätigkeiten erfordern?

(1) *Neue technische Handelshemmnisse durch nationalen „Normensalat"?*

Die wirtschaftliche Bedeutung der Durchsetzung neuer Telekommunikationstechniken läßt einen harten internationalen Wettbewerb erwarten, es steht zuviel auf dem Spiel. Die EG-Kommission schätzt im Grünbuch, daß der „Ausbau der technischen Infrastruktur für die neuen Übertragungstechniken Gelder in der Größenordnung um 100 Milliarden ECU in bestimmte Wirtschaftszweige lenkt". Der Investitionsschub erfaßt primär den gesamten Telekommunikationsbereich einschließlich Kabelindustrie, Nachrichtentechnik, Informationstechnologien, elektronische Bauelementeindustrie und Raumfahrt. Die Einrichtung einer leistungsfähigen Infrastruktur wird als Appetitanreger auf die Nachfrage nach neuen Geräten der Unterhaltungselektronik wirken und eine neue Innovations-Zündung bei der Bürotechnik, vor allem den Anschluß von Unternehmen an in- und ausländischen Datenbanken, auslösen. Der Aufbau eines europäisch integrierten Kommunikationsnetzes wird allerdings zum größten Fehlschlag in der Geschichte der menschlichen Kommunikation seit der babylonischen Sprachverwirrung, wenn es nicht gelingt, die national unterschiedlichen technischen Normen der Übertragunssysteme europäisch einheitlich zu gestalten. Insbesondere die unterschiedlichen Systeme der Informationskodierung beim Farbfernsehen, PAL und SECAM, wirken als technische Handelshemmnisse mit den bekannten negativen Folgen: Marktaufsplitterung, Exportbehinderung, höhere Verbraucherpreise durch getrennte Produktionslinien, Beeinträchtigung der internationalen Wettbewerbsfähigkeit. Gerade was den letzten Punkt betrifft, haben die Europäer besonderen Anlaß zu Wachsamkeit. Neue Gefahr aus Fernost sieht Cornelius Bossers, Chef der Deutschen Philips, heraufziehen. „Die Japaner werden bis zum Jahr 2000", so sagt er voraus, "im Bereich der Telekommunikation eine gewaltige Kraft aufbauen und für die Industrie in Europa und USA zu einer ernsthaften Herausforderung werden." Hier können die Europäer nur auf der Grundlage eines offenen Binnenmarktes, der wegen der einheitlichen technischen Normen von vornherein einen europäischen Markt für die Amortisierung der getätigten Investitionen bietet, die voraussichtliche Exportoffensive abwehren – und ihrerseits die Eroberung des Weltmarktes ins Auge fassen. Daß der „Normensalat" zwischen PAL und SECAM wie ein unsichtbarer Schlagbaum wirkt, kann die Bevölkerung im Dreiländereck zwischen Basel, Straßburg und Freiburg schon unter heutigen Bedingungen täglich erleben. Am Hochrhein können schweizerische und deutsche Fernsehprogramme wegen der einheitlichen Norm wahlweise empfangen werden, am Oberrhein dagegen ist das grenzüberschreitende Fernsehen zwischen Deutschland und Frankreich nur mit kostspieligen Zusatzadaptern oder neuerdings mit Multinorm-Fernsehern möglich – ein Luxus, den sich freilich wenige leisten. Dieser Umstand ist ein um so größeres Ärgernis, weil das Fernsehen ein ausgezeichneter „Nachhilfelehrer" für Fremdsprachen ist und in der Lage wäre, die Verständigung der Jugend links und rechts vom Rhein auf eine neue Stufe zu heben. Nach jahrelangem Drängen des Europäischen Parlaments hat der Rat endlich auf den „Einschaltknopf" gedrückt und eine wichtige Rechtsgrundlage zum Einstieg in das Zeitalter des Satelliten-Fernsehens geschaffen. Die gemeinschaftsweite Entscheidung zugunsten der „MAC-Familie" als Basis-Norm für die Übermittlung von Fernseh- und Rundfunkprogrammen in Europa bedeutet den längst fälligen Abschied von den alten, europauntauglichen Normen-Gevattern PAL und SECAM. Die MAC-Familie soll bis Mitte der neuziger Jahrer Zuwachs erhalten – die eine Studionorm für das hochauflösende Fernsehen (HDTV).

(2) *Steht ein europäischer Ätherkrieg ins Haus?*
Während der erste Problemkreis technische Geräte und Vorrichtungen zum Gegenstand hat und damit den freien Warenverkehr im Gemeinsamen Markt betrifft, befinden sich im zweiten Problemkreis Barrieren gegen den freien Austausch von nationalen Fernsehprogrammen, welche – soweit ihre wirtschaftliche Komponente in Rede steht – den freien Dienstleistungsverkehr behindern. Ein Fernsehprogamm ist eine Dienstleistung im Sinne des EWG-Vertrags. Es geht hier also um die schrittweise Errich-

tung eines Gemeinsamen Marktes für Veranstalter und Empfänger von Rundfunk. Die Vorbereitung von Rundfunksendungen ohne Rücksicht auf Staatsgrenzen stellt einen qualitativen wie auch quantitativen Sprung gegenüber den bisherigen Eurovisions-Übertragungen dar, die von den einzelnen Sendeanstalten von einer Art „Programm-Börse" abgerufen werden. Der unmittelbar bevorstehende Sprung über die Grenzen wirft indes heikle politische und rechtliche Fragen auf, die bislang in der Öffentlichkeit noch nicht hinreichend bekannt sind. Stimmt das „technisch Machbare" denn mit dem „gesellschaftlich Wünschbaren" überein? Soll jedes Programm, das in einem Mitgliedstaat rechtlich zulässig produziert und gesendet wird, ohne weiteres in ganz Europa ausgestrahlt werden dürfen? Die Frage stellen, heißt sie zu verneinen. Denn eine derart eindimensionale Sichtweise würde das Europäische Fernsehen zu eine trojanischen Pferd machen, mit dessen Hilfe man die rechtlichen Schutzmauern umgehen könnte, die auf Jugendschutz, Reglementierung der Werbung, Eindämmung von Gewalt und Pornographie auf der Mattscheibe abzielen. Die Konsequenz wäre ein europäischer Minimalstandard an Kontrolle, weil die Programmgestalter oder Werbemanager zielbewußt das Land als Operationsbasis für europaweite Strategien wählen würden, das über die jeweils niedrigsten Schutzwälle verfügt. Es ist unschwer vorstellbar, daß ein unkontrolliertes Überfluten der Länder mit in- und ausländischen Programmen und Werbespots protektionistische Grenzreaktionen heraufbeschwören würde, eine Eskalation bis hin zu einen „europäischen Ätherkrieg" wäre nicht auszuschließen. Die Analyse ergibt, daß ein Spannungsverhältnis entsteht zwischen dem supranationalen Recht auf freien Dienstleistungsverkehr (Artikel 59 und 60 EWG-Vertrag) und dem Grundrecht auf freie Meinungsäußerung „ohne Rücksicht auf Landesgrenzen" (Artikel 10 Europäische Menschenrechskommission) auf der einen Seite und dem in den jeweiligen nationalen Medienordnungen und presserechtlichen Bestimmungen verkörperten „ordre public" auf der anderen Seite. Die einzig realistische Möglichkeit, beiden Gesichtspunkten angemessen Rechnung zu tragen, besteht darin, im Wege einer europäischen Rundfunk-Rahmenordnung die Öffnung des Marktes in Bahnen zu lenken, so daß die neugewonnenen Freiheiten nicht auf Kosten der kulturellen Identität eines Volkes gehen. Da jedoch die befestigten Ufer zwischen den europarechtlichen Kompetenzen zur Herstellung des Gemeinsamen Marktes und der Kulturhoheit der Mitgliedstaaten oder der Bundesländer weit auseinander liegen, gleicht dieses Unterfangen juristisch gesehen dem berühmten „Ritt über den Bodensee": Wenn man Artikel 235 EWG-Vertrag als Grundlage für Maßnahmen im Rahmen nur unvollständig geregelter, sogenannter flankierender Politiken heranzieht − wie der Rechtsausschuß des Europäischen Parlaments in seiner Stellungnahme zum „Hahn-Bericht" empfahl − bewegt man sich juristisch auf dünnem Eis, aber man muß darauf vertrauen, daß es nicht bricht!

(3) *Europäische Einigung − nur als Pausenfüller im Programm?* Ging es oben um den Austausch zwischen nationalen Programmen, so geht der dritte Problemkreis eine Stufe weiter und behandelt die Frage: Soll ein europäisches Fernsehprogramm, das hinsichtlich Sendebereich, Ursprung, Zielgruppen und Thematik europäisch ausgerichtet ist, im Zuge der Einführung der neuen Technologien geschaffen werden? Soll das Fernsehen als Medium zur Förderung des Europagedankens eingesetzt werden? Zunächst einmal ist festzustellen, daß einer Verwirklichung dieser Absichten technisch keine Hindernisse im Wege stehen. Auf der von der Internationalen Fernmeldeunion im Jahre 1977 organisierten Rundfunkkonferenz in Genf erhielten alle Staaten − Zwergstaaten und Supermächte gleichermaßen − das Recht, einen Satelliten mit maximal fünf Fernsehkanälen in eine Erdumlaufbahn zu schießen. Die EG-Mitglieder, sofern sie von ihrem Recht Gebrauch machen, können vier Kanäle für nationale Programme reservieren, den fünften zweigen sie für ein gemeinsames Programm ab − und schon ist die Möglichkeit geschaffen, das gleich Bild in die Wohnstuben in Rom, London, Paris oder Berlin zu senden. Trotz der verschiedenen Sprachen in Europa ist auch der Ton kein Problem. Der Zuschauer kann die gewünschte Sprache wählen, weil es möglich ist, auf einen Fernsehkanal verschiedensprachige Tonkanäle zu übertragen. Wer wegen Hörschäden oder zum Sprachenlernen Untertitel wünscht − Videotext macht's möglich. Die entscheidende Frage ist freilich,

ob ein europäisch profiliertes Programm mit einer bunten Angebots-Palette von Nachrichten, Reportagen, über Bildung, Reise und Wissenschaft bis hin zu Sport und Musik ein erstrebenswertes Ziel ist. Der Zusammenhang zwischen dem Europäischen Fernsehen und der europäischen Einigung ist im „Hahn-Bericht" in einer Argumentationskette klar und stichhaltig aufgezeigt worden: „Die europäische Einigung wird nur erreicht werden, wenn die Europäer es wollen. Die Europäer werden sie nur wollen, wenn ein europäisches Bewußtsein entsteht. Ein europäisches Bewußtsein wird nur dann entstehen, wenn die Europäer entsprechend informiert werden. Die Information durch die Massenmedien ist derzeit national bestimmt." Folgerichtig heißt es weiter: „Durch ein gemeinsames Fernsehprogramm gewinnt die EG eine zusätzliche Klammer, die die Bürger Europas verbindet, und ein Medium, das, auch wenn es nicht von ihr selbst gesteuert wird, durch sein Dasein das Zusammengehörigkeitsgefühl der Europäer stärkt." Der Austausch nationaler Fernsehprogramme und gemeinsame europäische Sendungen können einen bescheidenen, aber nützlichen Beitrag dazu leisten, daß wir Europäer keine fremden Nachbarn bleiben.

Sechstes Kapitel
Europäische Währung: Zum ECU drängt doch alles

„Wer hat Angst vor'm ECU?", fragte vor einiger Zeit der Journalist Rainer Hellmann mit ironischem Seitenblick auf die Bundesbank. Die Frankfurter „DM-Gralshüter" haben die währungspolitische Zugbrücke gegenüber dem ECU hochgezogen und verschanzen sich bislang hinter § 3 des Währungsgesetzes. Die private Nutzung der europäischen Währung parallel zum nationalen Feld ist jedoch im bargeldlosen Bereich nicht mehr aufzuhalten: zum ECU drängt doch alles!

„Als Ludwig IX. von Frankreich im Jahre 1266 – d.h. vor mehr als 700 Jahren – den ersten ECU prägen ließ, konnte er nicht ahnen, welch' große Bedeutung diese Münze einmal erlangen würde."

Otmar Franz

Brüsseler Premiere mit Melone und ECU

Am 22. März 1984 traf sich ein kleiner Kreis von Journalisten und Europaparlamentariern zum Mittagessen im Restaurant „Aux Armes de Bruxelles" in der Rue des Bouchers 13, B-1000 Bruxelles, in der Nähe der Grand' Place. Auf dem Menü: Melone, Seezunge und Obst; nichts Außergewöhnliches, aber trotzdem eine Premiere: Zum ersten Mal wurde ein Mittagessen über Kreditkarte mit europäischer Währung, mit ECU, bezahlt. Auf dieses Essen trifft der Montagsvers aus der SÜDKURIER-Serie „Lachend in die neue Woche" besonders gut zu:

„Mit allem, was dem Leibe paßt,

ist meistens auch der Geist befaßt."

Der Geist befaßte sich in diesem Falle, in dem Europapolitik durch den Magen ging, damit, erstmals eine währungspolitische Delikatesse zu servieren, die von der Bundesbank in Frankfurt bis auf den heutigen Tag nicht geschluckt wird: Es wurde ein erster, symbolischer Schritt vollzogen, den ECU (European Currency Unit) über den offiziellen, exklusiven Gebrauch hinter den Bankschaltern hinaus auch der privaten Nutzung durch den Bürger zuzuführen. Bevor auf derzeitige Bedeutung und zukünftige Perspektiven des ECU – so hieß übrigens auch eine zur Zeit Ludwig IX im 13. Jahrhundert geprägte französische Goldmünze – im einzelnen eingegangen wird, soll auf den häufig vernachlässigten, wenngleich überragend wichtigen Zusammenhang zwischen der Vollendung des Binnenmarktes und der Fortentwicklung der europäischen Währung hingewiesen werden:

Eine von Land zu Land unterschiedliche Währungspolitik ohne gemeinsamen europäischen Nenner entfaltet eine erhebliche Bremswirkung auf den Waren-, Dienstleistungs- und Kapitalverkehr zwischen den Mitgliedstaaten, da von unberechenbaren Wechselkursrisiken ein Abschreckungseffekt auf Import- und Exportgeschäfte ausgeht. Gerade kleine Unternehmen sind von

Kalkulationsrisiken infolge Währungsschwankungen besonders stark betroffen, weil ihnen im Gegensatz zu den sogenannten Multis keine ausreichenden betriebswirtschaftlichen Balancierstangen zum internen Risikoausgleich zu Gebote stehen. Umgekehrt erleichtert eine gemeinsame Währungspolitik mit stabilen Wechselkursen Investitionsentscheidungen, die mit Blick auf den europäischen Markt getroffen werden. Der Dollar-Zick-Zack-Kurs seit dem Zusammenbruch des Weltwährungssystems von Bretton Woods Anfang der siebziger Jahre hat den Europäern die Dringlichkeit vor Augen geführt, in Europa eine währungspolitische Stabilitätszone zu schaffen, um ein harmonisches Wachstum des Außenhandels zu erreichen, das nicht von den kurzfristigen Spekulationen über die Entwicklung der Wirtschaftsparitäten bestimmt ist. Neben dem geschilderten Kalkulationsrisiko gibt es einen zweiten Bogen, der Binnenmarkt und Währung verbindet: den Potektionismus. Eine auseinanderklaffende Währungspolitik verschärft die Disparität in der wirtschaftlichen Entwicklung, die wiederum den Keim protektionistischer, den nationalen Markt abschirmender, Maßnahmen in sich trägt. Hierzu ein Beispiel: Im Jahre 1981 betrug die Inflationsrate in Italien ca. 18 Prozent, in Frankreich ca. 14 Prozent, in Deutschland ca. 6 Prozent. Diese Unterschiede in der Stabilitätspolitik sind eine Wurzel für die Devisenkontrollen in Frankreich und Italien, die den freien Kapitalverkehr in der EG beeinträchtigen. Abgesehen davon geht von unterschiedlichen Inflationsraten auch ein Druck auf Weschselkursänderungen aus. Insgesamt ist eine Wechselwirkung festzustellen. Bei offenen Binnengrenzen in der Gemeinschaft sind nationale Instrumente der Wirtschaftssteuerung eben nur noch bedingt tauglich und müssen durch europäische ergänzt werden, andererseits können offene Grenzen nur von Bestand sein, wenn ein Mindestmaß gemeinsamer Wirtschafts- und Währungspolitik verwirklicht wird. Kernbestand dieser Politik müssen die Bemühungen um die Schaffung einer europäischen Währung sein. Helmut Schmidt, der als Bundeskanzler nicht gerade als besonders europaaufgeschlossen galt, der sich jedoch um die Gründung des Europäischen Währungssystems (EWS) gleichwohl unbestreitbar verdient machte, hob diesen Zusammenhang in einem Artikel für die „Zeit" am 9. November 1984 hervor: „Am besten wäre natürlich, den Eintritt in die hier vorgeschlagene zweite Stufe des EWS zu koppeln mit einem Durchbruch zu einem wirklichen Gemeinsamen Markt." In einem großen, den Horizont der Weltwirtschaft erreichenden, rhetorischen Wurf, aber den Kern treffend, fügte er hinzu: „Aber auch allein könnte er große Bedeutung gewinnen; denn damit würde, nach mehreren Jahren fruchtlosen Geschwätzes über ziemlich unwichtige Tagesprobleme, endlich ein kategorischer, systematischer Schritt nach vorn getan. Europa braucht solchen Fortschritt. Wenn auf diese Weise ein großes, stabiles europäisches Währungssgebiet entstehen kann, so wäre dies nicht nur ein bedeutender Beitrag zur Stärkung der europäischen Unabhängigkeit, sondern auch ein grundlegender Schritt in Richtung auf ein neues, stabileres Weltwährungsgefüge."

Wenn man sich nicht von schönen, aber weltfremden Visionen leiten läßt, sonder auch Wirtschafts- und Währungspolitik als Kunst des Möglichen begreift, ist der praktische Reformansatz klar: Der ECU kann nicht durch einen einzigen Schlag durch den gordischen Knoten nationaler Interessen als gemeinsame Währung der Europäischen Gemeinschaft mit Noten und Münzen eingeführt werden; vielmehr bedarf es eines Stufenkonzeptes, das in verschiedenen Schritten die Ausweitung der offiziellen und privaten Rolle des ECU zu einer „Parallelwährung" vorsieht, die in absehbarer Zukunft die bestehenden Geldscheine nicht dem Reißwolf überantwortet, sondern eine parallele Verwendung nationaler und europäischer Währung ermöglicht. Demzufolge werden die Überlegungen und Vorschläge in diesem Kapitel dreistufig entwickelt: 1. Welchen Stand hat das EWS bislang erreicht? 2. Wie kann der Schritt vom offiziellen Gebrauch zur privaten Nutzung des ECU vollzogen werden? 3. Wie kann der Eintritt in die „institutionelle Phase", die ein neues Kapitel in der europäischen Einigung bedeuten würde, erreicht werden?

EWS: „Zweifellos ein schöner Kreuzungserfolg!"

Das Europäische Währungssystem wurde während der Tagung des Europäischen Rates am 4. und 5. Dezember 1978 nach mehreren „Fehlgeburten", zu denen namentlich der nach dem damaligen luxemburgischen Regierungschef benannte „Werner-Plan" gehört, aus der Taufe gehoben und konnte am 13. März 1979 in Kraft gesetzt werden. Pate standen der französische Präsident Giscard d'Estaing und Bundeskanzler Helmut Schmidt, die angesichts einer turbulenten Weltwährungssituation und des Dollar-Wechselfiebers — Taxifahrer nahmen den Dollar in Frankfurt beim Tiefstand nur noch zu pari an — nicht mehr untätig wie das Kaninchen auf die zusehends schrumpfende Währungsschlange (der am Schluß nur noch die Bundesrepublik und die Benelux-Staaten angehörten, während die übrigen Staaten ihre Währungen floaten ließen) starren mochten, sondern die Initiative zur Schaffung eines Europäischen Währungssystems ergriffen. Entsprechend den Gepflogenheiten einer Taufzeremonie fehlte es nicht an guten Wünschen, die am 5.12.78 von den versammelten Staats- und Regierungschefs in einer rechtlich unverbindlichen Entschließung zum Ausdruck gebracht wurden, in der bekundet wird:

- eine europäische Währungseinheit einzuführen und dieser eine Schlüsselrolle in einem Wechselkurs- und Investitionsmechanismus zuzuweisen;
- dieses System durch Zahlungs- und Kreditmechanismen mit dem EFWZ (Europäischer Fonds für Währungspolitische Zusammenarbeit) als Vorstufe eine künftigen Europäischen Währungsfonds abzusichern;
- die Außenwährungspolitik der Mitgliedstaaten durch stärkere Koordinierung der allgemeinen Wirtschaftspolitik zu flankieren und aus Disparitäten zwischen diesen Politiken herrührende Spannungen zwischen den Währungen durch einen Divergenzindikator erkennbar zu machen;
- die Wirtschaft der weniger wohlhabenden Teilnehmer am Wechselkurs- und Investitionsmechanismus durch finanzielle Maßnahmen zu stärken.
- Außerdem wurde bereits auf dem vorliegenden Gipfel am 6.7.1978 in Bremen gewünscht, daß innerhalb einer Zeitpause von zwei Jahren nach Einführung des EWS die bestehenden Vereinbarungen und Einrichtungen in einem Europäischen Währungsfonds (EWF) konsolidiert werden sollen. (Dieser Bremer Beschluß über den Eintritt in die sogenannte institu-

tionelle Phase liegt leider bis heute in der Schublade der Regierungschefs.)

Kern des EWS ist der ECU, der noch nicht zur vollen Währung entwickelt ist und im gegenwärtigen System im wesentliche folgende drei Funktionen erfüllt:

- Die *Leitkurse* für jede Währung werden in ECU festgelegt. Anhand dieser Leitkurse werden die zweitseitigen Paritäten, z.B. der Wechselkurs zwischen DM und Franc berechnet. Die praktische Bedeutung des ECU liegt hier vor allem in seiner Eigenschaft als Maßgröße, die Auskunft darüber gibt, wie sich die im Währungskorb befindlichen Währungen entwikkeln. Maßstab dafür ist die Abweichung des ECU-Tageswertes vom ECU-Leitkurs einer Währung. Wenn die Tageskurse die Leitplanken der auf 2,25 Prozent festgesetzten Bandbreite (Ausnahme: Italien wird eine extra weite Schwankungsbreite von 6 Prozent zugestanden) durchbrechen, sind die Notenbanken zur Intervention verpflichtet.

- Als *Rechengröße* findet der ECU, der einen Korb aus einer gewichteten Anzahl von Währungen der EG-Mitgliedstaaten mit Ausnahme der Drachme entspricht, gegenwärtig nur eine Statistenrolle. Er dient beim Saldenausgleich zwischen nationalen Notenbanken teilweise als Zahlungsmittel. Bei Stützungskäufen entstehen Forderungen und Schulden der Notenbanken untereinander, die − allerdings nicht in voller Höhe − in ECU beglichen werden.

Der ECU wurde von Anfang an von skeptischen Stimmen begleitet, die ihm kein langes Leben einräumten. Die Kritik wurde von Horst Haitzinger in einer Karikatur zusammengefaßt, in welcher das EWS als chimärenhafte Tiergestalt in einer Kreuzung von Kuh, Schwein und Fisch dargestellt wird. Der Kommentar: „Zweifellos ein schöner Kreuzungserfolg, einmal abwarten, wie lange er lebt!" Die Pessimisten wurden indes von der weiteren Entwicklung widerlegt. Heute kann man feststellen, daß die Erwartungen, welche in die erste Phase dieses Systems gesetzt wurden, zumindest zum großen Teil erfüllt wurden. Die Wechselkurse der an dem Mechanismus teilnehmenden Währungen wurden stabilisiert. Dies wird deutlich, wenn man die Schwankungen der Wechselkurse mit der Zeit vor der Schaffung des EWS vergleicht, aber auch, wenn man in den Vergleich Währungen miteinbezieht, welche nicht am Wechselkursmechanismus teilnehmen. Bei aller kritischen Distanz zu einer Weiterentwicklung des EWS zu einem Europäischen Notenbanksystem hat auch Bundesbankpräsident Pöhl kürzlich eingeräumt, daß von den ehrgeizigen Zielen der EWS-Väter am ehesten noch die Stabilisierung der Wechselkurse realisiert worden sei. Das Wechselkurssystem, als Kernstück des EWS, habe sich zu einer Klammer der Europäischen Gemeinschaft entwickelt. In einer Währungswelt, die durch heftige Kursschwankungen der wichtigsten internationalen Währungen gekennzeichnet sei, sei das EWS heute als ein Element der Stabilität und der Kalkulierbarkeit zu betrachten.

Es kann auch eindeutig festgestellt werden, daß das Währungssystem einen wesentlichen Beitrag zur wirtschafts- und währungspolitischen Disziplin der Mitgliedstaaten geleistet hat. Deutlichstes Beispiel für diese Stabilitätswirkung ist der Delors-Plan, der die wirtschaftspolitische Lage Frankreichs entscheidend verbessert hat. Dies bedeutet, daß das System schon in seiner heutigen unvollkommenen Form eine Beitrag dazu leisten konnte, daß die Inflationsraten in der Europäischen Gemeinschaft wesentlich reduziert werden konnten. Es kann also heute als Erfahrungswert gelten, daß sich das EWS als Triebfeder für mehr europäische Gemeinsamkeit in der Währungspolitik herausgestellt hat. Deswegen besteht in der zweiten Hälfte der achtziger Jahre eine besonders günstige Zeit, um weitere Schritte nach vorn zu unternehmen und dafür zu sorgen, daß der ECU europapolitisch hoch im Kurs steht.

Wer hat Angst vor ECU?

Wenn man in Rechnung stellt, daß jeder europapolitische Fortschritt, und sei er noch so klein, gegen harte Widerstände erkämpft werden muß, dann dürfte es angemessen sein, auf der ersten Stufe erst einmal alle Vorschläge zu bündeln, die ohne größere rechtliche Hindernisse, insbesondere ohne Änderung des EWG-Vertrags in die Tat umgesetzt werden können. Kristallisationspunkt ist hierbei eine Frage, die sich durch die überraschende, von Fachleuten mit Staunen zur Kenntnis genommene Entwicklung der letzten Jahre besonders aufdrängt: Wie kann der Schritt von der offiziellen Verwendung des ECU im exklusiven Zirkel der Notenbanken zum privaten Gebrauch durch den Bürger bewerkstelligt werden?

Es wäre eine unzutreffende Annahme, die Bürger der Gemeinschaft könnten den ECU erst dann „für bare Münzen nehmen", wenn tatsächlich Münzen geprägt und Geldnoten gepreßt werden, die von Italien bis England in jedem Restaurant, Kaufhaus oder an jeder Tankstelle entgegengenommen werden. Die zunehmende Umstellung auf bargeldlosen Zahlungsverkehr macht einen Einstieg unterhalb dieser hohen Schwelle möglich.

Grundlage für die private Entwicklung des ECU ist, daß in allen Mitgliedsländern der Europäischen Gemeinschaft, außer Deutschland, die Möglichkeit für Privatpersonen eröffnet wurde, ein Bankkonto in ECU zu eröffnen. Die Anzahl der Sparbücher, Kreditkarten und Euroschecks, die auf ECU lauten, wächst ständig. Wie das Beispiel am Anfang des Kapitels zeigt, ist es heute schon möglich, mit einer Kreditkarte oder einem Euroscheck auf der Basis eines ECU-Kontos Rechnungen zu bezahlen und Gegenstände des täglichen Lebens zu erwerben. In größerem Umfang werden auch heute schon Handelgeschäfte zwischen den Firmen verschiedener Gemeinschaftsländer in ECU abgewickelt. Einige größere Firmen sind dazu übergegangen, diese Europäische Währungseinheit für den Verrechnungsverkehr mit ihren Tochtergesellschaften zu verwenden.

Von besonderer Bedeutung ist die Tatsache, daß in verschiedenen Mitgliedsländern, beispielsweise in Frankreich, Italien und Belgien, der ECU zum täglichen Fixing an den Devisenbörsen zugelassen wurde. Nachdem hier der Kurs des ECU aufgrund von Angebot und Nachfrage bestimmt wird, macht der ECU hier den ersten Schritt hin zu einer selbständigen Währung. Man könnte dies mit dem Augenblick vergleichen, in dem die Puppe Pygmalions zu sprechen beginnt. Demgegenüber gebrauchten die prosaischen Bankiers den Vergleich mit einem Hund an der Leine, der zwar über einen gewissen Bewegungsspielraum verfügt, der jedoch andererseits von der Arbitrage eingeholt wird, wenn er sich zu weit von den Werten der Mitgliedswährungen entfernt.

So hat sich der ECU, der zunächst 1979 nur als Verrechnungsgröße für die Währungsreserven der Notenbanken und als Recheneinheit für die Haushalte der Europäischen Gemeinschaft geschaffen wurde, bereits einen eigenen ECU-Geldmarkt mit Laufzeiten bis zu einem Jahr sowie einen Devisenhandel gegenüber allen konvertiblen Währungen − sogar mit Kassa- und Terminnotierungen − gebildet.

Dänische Banken werben in unseren Zeitungen für sieben- bis neunprozentig verzinste Girokonten. Luxemburger Banken, auch deutsche Töchter, bieten Termin- und Spareinlagen sowie Konsortial- und Exportkredite an. Mit ECU-Anleihen sind die Europäische Gemeinschaft und andere internationale Einrichtungen inzwischen sogar in den Dollarraum und nach Japan vorgestoßen.

Besonders bei Exporteuren in Ländern mit schwächeren Währungen wie Italien und Frankreich war und ist der ECU besonders gefragt. Er vermindert dort erheblich das Wechselkursrisiko. Nach den Beobachtungen der Berliner Bank fällt es gerade den dortigen Exporteuren schwer, ihre Waren in eigener Währung zu verkaufen, so daß sie mehr als etwa die deutschen oder niederländischen Exporteure auf eine Kurssicherung angewiesen sind, die dazu noch mit hohen Kosten verbunden ist.

Der ECU bietet sich nicht nur deshalb an, weil er zur Risikominderung beiträgt, sondern auch, weil die Kredite in ECU allgemein wesentlich günstiger als Darlehen in eigener oder fremder Währung sind. So sollen bereits 20 % aller Außenhandelskredite in Italien auf ECU-Basis abgewickelt werden.

Auf dem Eurobond-Markt ist die Zahl der ECU-Anleihen auf über 100 angewachsen. Der ECU ist nach dem US-Dollar, der D-Mark und dem Britischen Pfund die viert wichtigste Anleihenwährung im letzten Jahr gewesen.

Wie steht es mit der privaten Nutzung des ECU in der Bundesrepublik Deutschland? Sitzt die Bundesbank auf dem „Euro-Währungs-Bob" als Steuermann oder Bremser? Die Bundesbank hat sich ungeachtet der europafreundlichen Haltung von Kanzler Kohl und Wirtschaftsminister Bangemann auf die Bremserrolle festgelegt. Deshalb sind alle politischen Versuche, der überraschend positiven Entwicklung des ECU, die sich auch in den Ausgaben von ECU-Reiseschecks manifestiert, den deutschen Markt zu öffnen, bislang von den Frankfurter Gralshütern der D-Mark vereitelt worden. Sie verschanzen sich hinter der Behauptung, der ECU sei keine Währung, sondern bloß eine Recheneinheit, deren Wert sich nach der Kursentwicklung anderer Währungen bemißt. Unter Hinweis auf § 3 des Währungsgesetzes, der darauf abzielt, den deutschen Geld- und Kapitalverkehr von Indexklauseln freizuhalten und deshalb das Eingehen indexierter DM-Verbindlichkeiten unter Genehmigungsvorbehalt stellt, führt sich die Bundesbank europapolitisch als „Mauerblümchen" auf und erteilt der ECU-Korbwährung einen Korb. Diese Auslegung des genannten Paragraphen ist jedoch keineswegs zwingend. Zum einen wird mit der Zulassung des ECU als Fremdwährung nichts Anderes getan, als mit einer Genehmigung, Konten in französischer oder italienischer Währung zu erhalten. Demgegenüber sind bei einem ECU-Konto immerhin ein Drittel DM mitenthalten. Zum andern hat die DM als stärkste EWS-Währung vom ECU, der nur den Durchschnitt der zehn EG-Währungen widerspiegelt, nichts zu befürchten, solange die Bundesbank nur eine stabilitätsorientierte Geldmengen-Steuerung betreibt. Unter dem Eindruck neuer europapolitischer Verstöße beginnt nunmehr die Mauer der Ablehnung in Frankfurt zu bröckeln. Es gibt innerhalb der Bundesbank bereits zwei Lager. Die erste Gruppe, bislang noch in der Minderheit, besteht aus Fachleuten, die einsehen, daß die Fortentwicklung des ECU kein „Weichmacher" für die D-Mark ist. Die andere Gruppe hat verständliche, aber unbegründete Furcht vor einer Schwächung der Mark. Es werden deshalb allmählich Stimmen laut, die der Bundesbank vorwerfen, durch Starrheit die Integration Europas an einer Schaltstelle zu blockieren. So steht die Bundesbank und mit ihr die Bundesregierung unter wachsendem Druck auf dem Felde der Währungspolitik. Die „Wirtschaftswoche" (1984 Nr. 50) sieht „ECU im Kommen" und auch die sonst so standhafte „Frankfurter Allgemeine Zeitung" wird mit ihrer Kritik recht vorsichtig. Rainer Hellmann, ein Mann, der weiß, wovon er schreibt, stellt in der „Europäischen Zeitung" (Nr. 2/85) die Frage:

‚Wer hat Angst vor ECU', und er meint: ‚Den ECU brauchen

wir nicht erst im Endstadium, sondern als Mittel zum Zweck, dieses Stadium der einheitlichen Währung noch zu unseren Lebzeiten zu erreichen.' Die Frage ‚Wer hat Angst vor dem ECU‘, können wir eigentlich den Ländern mit höheren Inflationsraten überlassen. Wir sollten uns freuen, wenn die Regierungen dieser Länder den Wettbewerb ihrer Währung mit dem ECU zulassen. Es wird ihnen dann gar nichts Anderes übrig bleiben, als dafür zu sorgen, daß ihre Währung nicht schwächer wird als der ECU. Genau das wollen wir ja, wenn wie die Partner zu mehr Stabilität anspornen.

Deshalb legt Hellmann den Finger auf den wunden Punkt, wenn er fragt:

– ‚Sollen wir uns dagegen wehren, daß der ECU international zur Abrechnung von Rohstoffen, Erdöl und mehrjährigen Aufträgen statt des Dollars oder auch der DM verwendet wird?

– Sollen wir uns erregen, wenn mehr und mehr Unternehmen und Regierungen innerhalb und außerhalb der Europäischen Gemeinschaft nicht nur nach dem Westen, sondern nach dem Osten hin, Kredite in ECU aufnehmen?

– Stört es uns, wenn Anleger und Sparer von Paris bis Tokio sich ECU zur Absicherung der Risiken ihrer Ersparnisse zulegen?‘

Muß man sich nicht viel mehr Sorgen um Gelder machen, die auf Dollar lauten, und die beim ersten Anzeichen eines Umschwungs „aussteigen"? Wer ECU wählt, will sich in der Regel über dem Durchschnitt der zehn Währungen absichern und nicht aggressiv an Wechselkursschwankungen verdienen.

Nach Hellmann brauchen die deutschen Währungsbehörden nur in zwei Fällen Furcht vor dem ECU haben: a) einmal, wenn sie weiterhin den ECU vom Deutschen Markt verbannen und es zulassen, daß die Währungseinheit mit einem DM-Anteil von einem Drittel im Korb sich nur außerhalb ihrer eigenen Kontrolle entwickeln kann, b) zum anderen, wenn sie es zuließen, daß die DM abwirtschaftet. Das wäre zweifellos der schlechteste Beitrag, den wir leisten könnten.

Solchen überzeugenden Argumenten zum Trotz zögert die Bundesregierung. Immerhin stellt man sich in Bonn darauf ein, daß in absehbarer Zeit im Rahmen der Europäischen Gemeinschaft ernsthaft über eine Ausweitung des Währungsverbundes geredet wird. Auch Bonn hält eine engere monetäre Zusammenarbeit im Europäischen Währungssystem für wünschenswert. Bevor das System jedoch auch institutionell weiter verfestigt werde, sei es notwendig, zunächst einmal die bestehenden Möglichkeiten des EWG-Vertrages auszuschöpfen und frühere Ministerratsbeschlüsse zu verwirklichen. Damit wird für eine schrittweise Liberalisierung des Kapitalverkehrs plädiert, die längst überfällig ist. Daneben wird erwähnt, und das dürfte der Kernpunkt deutscher Sorgen sein, die Unabhängigkeit der Bundesbank müsse gewahrt bleiben.

Worin könnte eine sachgerechte Lösung des Problems bestehen? Am besten wäre es, die deutsche Seite nicht zu einseitigen Zugeständnissen zu veranlassen, sondern zur Vollendung der ersten Phase des EWS, die der „institutionellen" zweiten Phase vorgeschaltet ist, ein Paket zu schnüren, das beim offiziellen wie privaten Gebrauch des ECU den Gleichschritt aller Teilnehmer sichert. Dieses Verhandlungspaket müßte im wesentlichen folgenden Inhalt aufweisen:

● Die Währungshüter in Frankfurt ändern ihre bisherige Haltung. In allen Mitgliedstaaten wird das Einrichten von ECU-Konten und die Ausgabe von ECU-Reiseschecks ermöglicht. Dies sollte umgehend geschehen − und nicht auf die lange (Bundes-) Bank geschoben werden!

● Großbritannien sollte in den Interventionsmechanismus des EWS einbezogen werden. Die „eiserne Lady" sollte in Zukunft nicht mehr isoliert mit den britischen Pfunden wuchern.

● Alle Mitgliedsländer müssen sich verpflichten − diese Forderung richtet sich vor allem an die Adresse Frankreichs − die Kapitalverkehrskontrollen im Währungsverband zu beseitigen.

● Die Super-Bandbreite für die italienische Lira im Umfang von 6 % muß auf die normale EWS-Taille von 2,25 % getrimmt werden; Italien kann heute zugemutet werden, auf diese Sondervergünstigung zu verzichten.

● Belgien muß mit fortschreitender wirtschaftlicher Konsolidierung den gespaltenen Devisenkurs aufgeben und wieder voll die Spielregeln des freien Kapitaverkehrs anerkennen.

● Auch der offizielle Gebrauch des ECU ist verbesserungsfähig. Zu den Vorschlägen, die sofort verwirklicht werden könnten, sind folgende zu rechnen: Der ECU lebt gegenwärtig auf schlechtem „Zinsfuß", da sein Zins sich aus dem gewogenen Durchschnitt der EG-Diskontsätze errechnet. Der ECU sollte dadurch attraktiver gemacht werden, daß der Zins den Marktgegebenheiten angepaßt wird. Beim Saldenausgleich als Folge der Stützung schwacher Währungen sollte die ECU-Annahmepflicht der Gläubiger-Zentralbank von gegenwärtig 50 % auf 100 % heraufgesetzt werden. Dies hat die EG-Kommission dem Rat schon 1982 vorgeschlagen.

● Auch sollten die Währungsreserven, die dem EFWZ überantwortet wurden — derzeit sind etwa 50 Milliarden ECU in diesem Topf — Jahr für Jahr aufgestockt werden, um die Startbedingungen für einen mittelfristig zu schaffenden Europäischen Währungsfonds zu verbessern.

„Quantensprung" vorwärts zur europäischen Währung

„Die Herausbildung einer einheitlichen europäischen Währung", urteilt Wolfgang Rieke von der Bundesbank insoweit zutreffend, „wird sicher einen weiteren Quantensprung politischer Entscheidungen erfordern." Können die Europäer den Sprung in die „institutionelle Phase" des Währungssystems wagen, der die hohe Hürde einer Änderung des EWG-Vertrags nehmen müßte? Immerhin haben die Regierungschefs mit dem „Bremer Beschluß" im Jahre 1978 schon einmal einen Anlauf genommen, wie bereits erwähnt. Auch die Tatsache, daß der ECU von der „Korbwährung" bis zur Parallelwährung einen weiten Weg zurücklegen muß, kann kein Anlaß zur Resignation sein. Daß es Körbe in sich haben können, ist bekannt, seit Moses anfangs in einem Schilfkorb hilflos auf dem Nil „floatete" und später den historischen Aufbruch ins gelobte Land organisierte. Institutioneller Dreh- und Angelpunkt dieser zweiten Phase des EWS müßte eine unabhängige, zentrale monetäre Autorität sein. Dabei können im Augenblick verschiedene organisatorische Optionen, z.B. die Errichtung einer Art „Europäischen Zentralbank" oder eines europäischen Währungsfonds „sui generis" heute noch offengelassen werden. Im Augenblick ist weniger das „Wie" und mehr das „Ob" und „Wann" dieses Entschlusses die entscheidende Frage.

Wichtige Impulse gehen derzeit von dem Präsidenten der EG-Kommission Jacques Delors aus, für den die Stärkung des Europäischen Währungssystems zu den Top-Prioritäten seiner Amtszeit gehört. Niemand wird heute bestreiten, so meint Delors, daß das Europäische Währungssystem in den fast sechs Jahren seines Bestehens seinen Wert unter Beweis gestellt hat. Niemand wird auch bestreiten wollen, daß die Vorteile für alle Partner schwerer wiegen als dessen Nachteile und Zwänge. Das Europäische Währungssystem habe eine vergleichsweise windstille Zone in der entfesselten See der heftigen und plötzlichen Währungsfluktuationen geschaffen. Es hat die Zunahme des Handelsvolumens innerhalb der Gemeinschaft gefördert und die Entwicklung des privaten ECU ermöglicht. Innerhalb von vier Jahren könne man keine europäische Währung schaffen, aber eine wesentliche Stärkung der Währungszusammenarbeit und eine kontrollierte Ausweitung der Rolle des ECU halte er für möglich.

In diesem Zusammenhang stellt Delors einige Fragen:
- Wenn die Entwicklung des privaten ECU zunimmt, haben dann nicht alle EWS-Länder die Pflicht, dafür zu sorgen, daß der private ECU kein Opfer mißbräuchlicher und gefährlicher Spekulationen wird, sondern sich unter Bedingungen entwickelt, die sowohl für die Währungspolitik als auch für die Banken als gesund zu bezeichnen sind?
- Wenn man der Meinung ist, daß vom Dollar zuviel verlangt wird, ist es dann nicht notwendig, daß Europa eine Währung in Umlauf setzt – den offiziellen ECU – der eine Diversifizierung der Zentralbank-Reserven ermöglicht?

Die „zweite Phase", also die Weiterentwicklung des ECU zu einer echten europäischen Währung, die nicht anstelle, sonder parallel zu den nationalen Währungen verwendet werden soll, die Schaffung eines autonomen Europäischen Zentralbanksystems mit der Aufgabe, den ECU stabil zu halten, wobei die autonome Stellung der Bundesbank organisatorisch als Vorbild dienen könnte, sowie die vertiefte Kooperation der nationalen Notenbanken wäre mit einer Reihe von Vorteilen verbunden, die bei weitem stärker wiegen als die Risiken:

● Alle wollen in Europa eine *Stabilitätsgemeinschaft*, die durch die hier unterbreiteten Vorschläge gefördert wird. Es sind Fortschritte bei der Konvergenz der Wirtschaftspolitiken der Mitgliedstaaten schon mit der unzureichenden Klammer des bisherigen EWS erzielt worden. In den letzten zwei Jahren sank z.B. die Inflationsrate in der EG von durchschnittlich 11 % auf 5 %, wurde also gut halbiert. Dem Ziel der Stabilitätsgemeinschaft dient die gemeinschaftliche Konjunkturpolitik. Unterstützt werden muß diese Konjunkturpolitik von einer an den gleichen Zielen orientierten Geldpolitik, um z.B. zu verhindern, daß eine restriktive Haushaltspolitik des einen Mitgliedslandes durch eine geldmengenpolitische Expansion eines Nachbarn konterkariert wird. Das führt zur Forderung nach einem weiterentwickelten EWS.

● Europa braucht ein gemeinsames Steuerungsinstrument für die *Geldmengenregelung*. Durch das bisherige Fehlen geeigneter Instrumente zur Durchsetzung von Stabilitätszielen entzieht sich das rasante Anwachsen des ECU-Marktes der mengenmäßigen Kontrolle − wie ein unüberlegt aufgeblasener *Ballon*.

Um ein unkontrolliertes Mengenwachstum einer europäischen Währung zu vermeiden, wie wir es vom Euro-Dollar-Markt wie auch von Euro-DM-Markt her kennen, und es nun für den ECU-Markt befürchten müssen, − alles Märkte, die sich dem direkten Zugriff durch die währungspolitischen Instrumente der Bundesbank entziehen − müssen die notwendigen Instrumente geschaffen werden, wie wir sie von der nationalen Ebene her kennen, so etwa eine Mindestreservenregelung.

● Die Weiterentwicklung des Europäischen Währungssystems erhöht die *Kalkulationssicherheit* bei Handelgeschäften zwischen den Gemeinschaftsländern und beseitigt damit Bremsen für den Binnenmarkt. Der ECU ist besonders für kleinere und mittlere Exportunternehmen der Bundesrepublik von Vorteil. Denn es gelingt ihnen zwar zunehmend, Absatzmärkte in Europa zu erobern, häufig können sie aber nicht Verträge auf DM-Basis durchsetzen, so daß bei einer sogenannten Weichwährung das Wechselkursrisiko hoch ist. Hier bietet die ECU-Finanzierung einen soliden Ausweg. Bislang kann diese Vertragsbasis in Deutschland wegen der Haltung der Bundesbank allenfalls auf Schleichpfaden, auf einer Art „ECU-HOH-TSCHI-MINH-Pfad" auf belgischem oder luxemburgischem Territorium, erreicht werden. Wenn in ECU kontrahiert wird, muß ein in der Bundesrepublik ansässiges Unternehmen die Exportfinanzierung über den Bankplatz Brüssel oder Luxemburg abwickeln, also den Aufwand einer „Exilfinanzierung" betreiben, denn in der Bundesrepublik darf ein Gebietsansässiger zwar ECU-Konten führen, aber nur in ECU verwenden, das heißt, er kann nicht die ECU in DM konvertieren.

● Der wichtigste Vorteil wäre die Schaffung einer *Stabilitätszone* in Europa. Wenn die EG-Länder ein Gegengewicht in Form eines „ECU-Blocks" gegen Dollar und Yen auf die Waage bringen, vermögen sie ihre Volkswirtschaften besser aus weltwährungspolitischen Turbulenzen herauszuhalten.

Siebtes Kapitel
Vom friedlichen Handel
zum Handeln für den Frieden

In der gegenwärtigen weltpolitischen Konstellation kann ein politisch zerstrittenes, wirtschaftlich zersplittertes und durch Grenzen aufgeteiltes Europa zunehmend in eine Statistenrolle gedrängt, von anderen in die Zange genommen werden und wirtschaftlich ins Hintertreffen geraten. Die Schaffung des Europäischen Binnenmarktes als „Raum ohne Grenzen" in der EG ist das unverzichtbare Fundament für den Aufbau der Europäischen Gemeinschaft zur politischen Union – eines der wichtigsten Felder der Zukunftsgestaltung.

„Ein Tag wird kommen, wo die Kugeln und Granaten von
dem Stimmrecht ersetzt werden, von der allgemeinen
Abstimmung der Völker, von dem ehrwürdigen Schieds-
gericht eines großen, souveränen Senats, der für Europa
das sein wird, was das Parlament für England, was die
Nationalversammlung für die Deutschen ist."

Victor Hugo

Der Hund, das Parfüm und der Binnenmarkt

Charles Baudelaire beschreibt in seinem Prosagedicht „Le chien
et le flacon" das Verhalten eines Hundes, den er an einem herrli-
chen Parfüm riechen läßt. „Und der Hund wedelt mit dem
Schwanz, was, glaube ich, bei diesen armen Wesen ein Zeichen
ist, das dem Lachen und Lächeln entspricht; er kommt heran und
legt seine feuchte Nase voller Neugier auf das entkorkte Fläsch-
chen. Dann weicht er plötzlich ganz entsetzt zurück und bellt
mich vorwurfsvoll an."
Jahrelang verhielt sich der Ministerrat gegenüber Vorschlägen
zur Vollendung des Binnenmarktes wie Baudelaires Hund gegenüber dem wohlriechenden Parfüm: zunächst wurden die vom
Europäischen Parlament ausgearbeiteten Vorschläge interessiert
beschnuppert, dann wich das europäische Entscheidungsgre-
mium entsetzt zurück, und nicht selten mußten sich Europaabgeordnete bellende Töne der Kritik anhören. Erst in letzter Zeit
mehren sich die Anzeichen, daß die im Rat versammelten Regie-
rungsvertreter etwas „europapolitischen Geruchssinn" entwikkeln. Aus dem Castello Sforzesco, dem Schauplatz des Mailänder Gipfels Ende Juni 1985, drangen, zumindest was den Binnenmarkt angeht, gute Nachrichten nach außen. Dort wurde ein
Paket auf den Weg gebracht, das 47 Einzelmaßnahmen zum Thema „Europa der Bürger" enthält, darunter der lang erwartete
EG-Führerschein, mehr grenzüberschreitende Fernsehprogramme, billiger Entritt für Museen etc.
Ein weiterer wichtiger Schritt waren die Beschlüsse der Staats-
und Regierungschefs vom 3. Dezember 1985 in Luxemburg. Die
dort beschlossenen Ergänzungen des Rom-Vertrages eröffnen
wichtige Chancen, bei der Verwirklichung des Binnenmarktes,

aber auch in den Bereichen des Umweltschutzes und der Forschungspolitik wesentliche Schritte nach vorn zu tun. Die Tatsache, daß zahlreiche Entscheidungen in Zukunft in Zusammenarbeit mit dem Europäischen Parlament gefällt werden müssen, wird dazu führen, daß einige Akzente im Interesse der Bürger Europas neu gesetzt werden. Ebenso wesentlich ist es, daß, wenn auch nur in bestimmten Bereichen, eine Änderung des Abstimmungsmodus im Ministerrat erreicht werden kann. Dies sollte nur ein erster Schritt sein. Der Sprung über die Grenzen hinweg, die Mobilisierung der Antriebskräfte für den Binnenmarkt, kann nur gelingen, wenn auch der Entscheidungsmechanismus in der Zwölfergemeinschaft von der Sperrigkeit des Vetorechts entlastet wird und durch das Mehrheitsprinzip eine gewisse Stromlinienförmigkeit erhält. Die im Einzelfall überstimmte Minderheit mag dann den Gemeinsamen Markt, um auf den Vergleich eingangs des Kapitels zurückkommen, als Parfüm mit einer herben Duftnote empfingen, aber eine Blockierung der gesamten Entwicklung ist damit nicht mehr verbunden.

Ein Binnenmarkt mit 320 Millionen Menschen:
der größte Handelsblock der Welt

Eine wichtige Triebfeder, die Grenzen innerhalb Europas zu überwinden, den Binnenmarkt zu vollenden und damit im „Innenverhältnis" politisch und wirtschaftlich näher zusammenzurücken, stellt der Wille der Europäer zur Selbstbehauptung in einem veränderten internationalen Kräftefeld dar, mit anderen Worten, die Bereitschaft, Probleme im „Außenverhältnis" stärker als bisher gemeinsam zu meistern, die Polarisierung zwischen den Supermächten, das weitere Drehen an der Rüstungsspirale, die allmählilche Verschiebung wirtschaftlicher Aktivitäten vom atlantischen in den pazifischen Raum, die Heraufkunft neuer Mächte in der Dritten Welt, z.B. China oder Brasilien, die verschärften Spannungen zwischen Nord und Süd, Krisenherde im Mittleren Osten oder in Zentralamerika – all dies sind Stichworte einer weltwirtschaftlichen und -politischen Konstellation, in der ein in sich zerstrittenes, wirtschaftlich zersplittertes und durch Grenzen aufgeteiltes Europa zunehmend in eine Statistenrolle gedrängt würde. Deshalb wird seit einiger Zeit mit Recht die Forderung erhoben, daß die Mitglieder der Europäischen Gemeinschaft über die im EWG-Vertrag verankerte gemeinsame Handelspolitik hinaus, ihre Stimme in der Außen-, Sicherheits- und Entwicklungspolitik gemeinsam in die Waagschale werfen. Die Fortentwicklung der Europäischen Politischen Zusammenarbeit (EPZ), vom Europäischen Parlament nachhaltig unterstützt, ist eine Keimzelle dieser gemeinsamen Politik. Diese Ansätze, nach außen gemeinsam aufzutreten, sind aber nur erfolgversprechend, wenn auf den inneren Zusammenhalt Verlaß ist. Hier kommt dem Binnenmarkt eine wichtige Klammerfunktion zu, ja er ist das wirtschaftliche Fundament, auf dem die Politische Union erst aufbauen kann. Die Europäische Gemeinschaft hat unter Einfluß der neuen Mitglieder Spanien und Portugal 320 Millionen „Einwohner"; unter den Bedingungen eines vollendeten Binnenmarktes wäre sie der stärkste Handelsblock der Welt. Zum Vergleich: in den USA leben 220, in Japan 116 Millionen Menschen.

Das gemeinsame Auftreten der Europäer, so unvollständig es in der Vergangenheit war, hat Ergebnisse gebracht, die bei getrennten Marschrichtungen der EG-Mitglieder gegenüber den wichtigsten Handelspartnern und Konkurrenten auf dem Weltmarkt, USA und Japan, nicht erzielbar gewesen wären. Nachfolgend einige Beispiele, die auch über die Handelspolitik hinaus dazu ermuntern, daß Europa „mit einer Stimme" spricht:

● Mit den Stahlausfuhren stieß die Gemeinschaft auf wenig Gegenliebe in den USA. Mit großer Mühe gelang es der EG, die geplante Erhebung eines hohen Zusatzzolls abzuwenden. Als Gegenleistung mußten die Europäer sich zu einer Exportselbstbeschränkung verpflichten, die für Europa wesentlich vorteilhafter ist, auch wenn sie ein beträchtliches Opfer bedeutet. Die Gemeinschaft hat bei dieser Gelegenheit insbesondere deutlich gemacht, daß die öffentlichen Beihilfen für die europäische Stahlindustrie einer strikten Kontrolle unterliegen und der Umstrukturierung der Industrie und nicht einer Stützung der Exporte dienen. Die Schlacht ist jedoch noch nicht ganz zu Ende, nachdem die amerikanische Industrie eine Offensive gegen bestimmte europäische Exporte von verschiedenen Arten von Edelstahl, die nicht unter die

Vereinbarung fallen, gestartet hat. Weiteren Zündstoff in den Beziehungen zwischen den USA und der EWG lieferte über Monate hinweg das von den Vereinigten Staaten einseitig verhängte technologische Embargo gegen europäische Firmen, die mit amerikanischer Lizenz Bauteile für die geplante Erdgasleitung von Sibirien nach Europa herstellen. Das Problem konnte schließlich im Wege des Dialogs gelöst werden. Für die Gemeinschaft ging es dabei um die Existenz mehrerer großer europäischer Unternehmen, aber auch um eine Verringerung ihrer Energieabhängigkeit von ihren angestammten Lieferanten.

Im Energiesektor wirken auch die künstlich niedrig gehaltenen Verkaufspreise für Kohlenwasserstoffe in den Vereinigten Staaten ab Beginn der achtziger Jahre. Damit werden die amerikanischen Exporte von Chemiefasern und petrochemischen Zwischenerzeugnissen begünstigt.

Die Europäische Gemeinschaft wird im Zuge der Reform der Gemeinsamen Agrarpolitik in den nächsten Jahren Sprengstoff aus den Handelsbeziehungen zu den USA herausnehmen, falls die Überschüsse konsequent abgebaut werden. Dies erhöht den Handlungsspielraum der Gemeinschaft beim Export von Industrieprodukten in die USA.

● Die vor allem von Paris inspirierte europäische High-tech-Kooperation unter der Bezeichnung EUREKA (European Research Coordination Agency), weist heute noch kein klares, durch einzelne Forschungsprojekte markiertes Profil auf. Es ist technologiepolitisch aber ein Ausdruck gewachsenen Selbstvertrauens der Europäer gegenüber den USA. Der nächste Schritt wäre eine gemeinsame europäische Haltung in der verteidigungspolitisch wichtigen Frage der „Star Wars", also gegenüber der „Strategischen Verteidigungsinitiative" (SDI) im Weltraum.

● Hauptproblem und Kopfschmerz Nr. 1 zwischen der EG und *Japan* ist das ständig neue Rekordmarken erreichende Handelsbilanzdefizit. Die europäischen Lieferungen nach Japan machen nur ein gutes Drittel der Lieferungen in umgekehrter Richtung aus. Besonders besorgniserregend ist, daß das Defizit unaufhaltsam wächst. Es geht hier also um ein strukturelles Problem, das im übrigen die Beziehungen Japans zu den meisten Industrieländern kennzeichnet: während Japan gewaltige Mengen an Energie und Rohstoffen einführen muß, importiert es kaum mehr Fertigerzeugnisse als die Schweiz mit einem zehnmal kleineren Bruttoinlandsprodukt. Die Gründe liegen zum Teil in den zahllosen Schwierigkeiten, vor allem versteckten Hemmnissen, mit denen europäische Unternehmen, die nach Japan exportieren wollen, zu kämpfen haben, zum Teil in der massiven Konzentration der japanischen Ausfuhr-Strategie auf ausgewählte Sektoren wie Kraftfahrzeuge, Motorräder, Fernsehapparate und Videorekorder. Die Gemeinschaft hat auf diese Bedrohung mit einer Reihe von Maßnahmen reagiert, die von der statistischen Überwachung der japanischen Ausfuhren bis zu Aktionen im Rahmen international anerkannter Verfahren reichen. So hat die Gemeinschaft beschlossen, eine Globalbeschwerde beim GATT zu erheben. Diese Beschwerde richtet sich gegen die spezifische Struktur der japanischen Wirtschaft, die eine geringere Bereitschaft zur Einfuhr von Fertigwaren und damit ein Ungleichgewicht zwischen den Rechten und Pflichten aus den verschiedenen GATT-Verhandlungsrunden zur Folge hat. Desweiteren hat die Gemeinschaft – bei einzelnen Staaten wäre das Unterfangen aussichtslos – Japan aufgefordert, seine Importe von Fertigwarenprodukten auf ein mit anderen Industrieländern vergleichbares Niveau zu heben, das Banken- und Versicherungswesen zu öffnen sowie das Vertriebsnetz durchlässiger zu knüpfen. Die japanische Regierung ihrerseits hat eine Reihe von Maßnahmen zur Lockerung der Importe angekündigt und durchgeführt; andererseits hat die Gemeinschaft vor kurzem von den japanischen Behörden Exportmäßigungszusagen für einen bestimmten Teil von Produkten erhalten, bei denen in Europa der Umstrukturierungsprozeß noch nicht abgeschlossen ist.

Entwicklungspolitik: „Wer sind die, die dort leiden?"

Warum den Entwicklungsländern helfen? Geht uns das Schicksal dieser Menschen überhaupt etwas an? Ist solidarisches Handeln gefragt oder sollen wir uns lieber nicht einmischen? Eine persönliche Antwort auf diese kritischen Fragen läßt sich dem Gedicht „Der Berg und der Fluß" von Pablo Neruda, dam großen chilenischen Dichter, entnehmen:

> Wer sind die, die dort leiden?
> Ich weiß nicht, aber sie gehören zu mir.
> Komm mit.
>
> Ich weiß nicht, aber sie rufen mich und sagen mir: „Wir leiden!„
> Komm mit.
>
> Und sie sagen mir: „Dein Volk,
> dein unglückliches Volk,
> zwischen dem Berg und dem Fluß,
>
> Voll Hunger und voller Schmerzen,
> möchte nicht einsam kämpfen,
> es wartet, Freund, auf dich."

An die Europäische Gemeinschaft werden von außen, vor allem in Afrika und Lateinamerika, große Erwartungen gerichtet. Nicht nur aus menschlicher Solidarität, sondern auch aus wohlverstandenem Eigeninteresse müssen wir die Brücken in die Länder der Dritten Welt ausbauen. Das wirtschaftspolitische Potential, das ein europäischer Binnenmarkt mit 320 Millionen Marktbürgern verkörpert, muß auch für diese Aufgabe genutzt werden, sowohl im Sinne „Hilfe zur Selbsthilfe" für die Armen als auch zur eigenen Zukunftssicherung. Hierzu einige Fakten:

- Europa muß etwa die Hälfte seines Energiebedarfs einführen, zum größten Teil aus der Dritten Welt.
- Bei einer Reihe von Rohstoffen wie z.B. Kaffee, Baumwolle, Kupfer und Mangan, ist die Gemeinschaft zu etwa 90 % von Einfuhren aus der Dritten Welt abhängig.
- Die Schwierigkeiten, in denen sich gegenwärtig alle Industrieländer befinden, zwingt zur Erschließung neuer Ausfuhrmärkte. Die Dritte Welt ist Hauptlieferant, aber auch Hauptkunde der Gemeinschaft: mehr als ein Drittel der Ausfuhren der Gemeinschaft gehen in die Entwicklungsländer. Die Ent-

wicklung der Dritten Welt kann unserer Industrie wichtige Absatzmärkte für Ausrüstungsgüter und Maschinen usw. eröffnen.

Von Anfang hat die Europäische Gemeinschaft eigene Anstrengungen zur Entwicklung der armen Länder unternommen, die sich mit den Anstrengungen der einzelnen Mitgliedstaaten jedoch nicht überschneiden, sondern diese vielmehr sinnvoll ergänzen. Der Gemeinsame Zolltarif hat die Länder der Gemeinschaft gegenüber der übrigen Welt zu einer solidarischen Einheit zusammengeschlossen, die als solche auf internationaler Ebene in Erscheinung tritt. So können beispielsweise Zollsenkungen gegenüber Ländern der Dritten Welt nur auf Gemeinschaftsebene beschlossen werden. Aus historischen Gründen, aber auch wegen der besonderen Schwierigkeiten Afrikas, hat die Gemeinschaft diesem Kontinent stets eine besondere Bedeutung beigemessen. Europa hat seine Hilfe jedoch nicht ausschließlich auf dieses Gebiet konzentriert, sondern nach und nach eine Kooperationspolitik entwickelt, die die gesamte Dritte Welt miteinbezieht. Dieser „globale Ansatz" sollte jetzt durch den Beitritt von Spanien und Portugal noch konsequenter verfolgt werden, weil diese Länder — unter besseren Vorzeichen als zur Kolonialzeit — einen Brückenkopf zwischen Europa und Lateinamerika bilden. So könnte in Zukunft die EG durch eine rein wirtschaftliche und sozial orientierte Entwicklungspolitik — unter Ausschluß militärischer Aspekte — zur Entschärfung der Krisenherde in Zentralamerika einen Beitrag leisten. Freilich bedeutet die „Süderweiterung" auch, daß wegen des erheblichen Wohlstandsgefälles innerhalb der Gemeinschaft zwischen den reichsten und den ärmsten Regionen in den nächsten Jahren eine Art „hauseigene Entwicklungspolitik" in Form einer erheblich verstärkten Regionalpolitik betrieben werden sollte. Das Kernstück der gemeinschaftlichen Entwicklungspolitik ist das Assoziierungsabkomen mit 65 afrikanischen, karibischen und pazifischen Entwicklungsländern. Nach über einjährigen Verhandlungen wurde 1984 in Lomé, der Hauptstadt Togos, ein neues Fünfjahresabkommen unterzeichnet. Dieses läuft als „Lomé III" bis 1990. Mit diesem dritten Lomé-Abkommen werden die traditionellen partnerschaftlichen Beziehungen fortgesetzt und vertieft, die als vorbildlich für eine praktische Zusammenarbeit zwischen Industrie- und Entwicklungsländern angesehen werden. Grundlagen dieser Zusammenarbeit sind die Gleichheit der Partner und Achtung ihrer souveränen Entscheidungen. Die AKP-Staaten legen in einer eigenen Verantwortungsstrategie nur Programme für ihre wirtschaftliche, soziale und kulturelle Entwicklung fest. Aus schlechten Erfahrungen in der Vergangenheit wollen die Vertragspartner lernen. „Weg von industriellen Prestigeobjekten, hin zu kleineren Projekten für Bauern und Handwerker auf dem Land", lautet eine wichtige Kurskorrektur. Dementsprechend ist die ländliche Entwicklung und die Zusammenarbeit in der Landwirtschaft der prioritäre Bereich, auf den sich die EG- und die AKP-Staaten konzentrieren wollen. Sie zielt darauf ab, die Selbstversorgung und die Ernährungssicherheit der AKP-Staaten zu erreichen und ihr Produktionspotential zu entwickeln, um dadurch die Lebensbedingungen breiter Bevölkerungskreise zu verbessern. Dabei ist die aktive Beteiligung der ländlichen Bevölkerung an ihrer eigenen Entwicklung Grundvoraussetzung und Ziel aller Anstrengungen. Die Zusammenarbeit beschränkt sich nicht auf die traditionellen Produktionsbereiche. In geeigneten Fällen sollen Diversifizierungsmöglichkeiten, vor allem im Hinblick auf die Schaffung von Arbeitsplätzen, erkundet werden. Besondere Aufmerksamkeit wird der Verarbeitung und der Vermarktung der Produkte gewidmet. Angestrebt wird ein ausgewogenes Verhältnis zwischen der landwirtschaftlichen Erzeugung für den Eigenbedarf und der Erzeugung für den Export, die bisher im Vordergrund stand.

Für die zukünftige gemeinschaftliche Entwicklungspolitik sind sorgfältige Überlegungen notwendig:

● Die Bilanz der beiden ersten Entwicklungsdekaden zeigt, daß die entsprechenden Mittel unzureichend waren oder nicht richtig eingesetzt wurden.

● Dauer und Verschärfung der wirtschaftlichen Schwierigkeiten im Welthandel sowie die ständig steigende Arbeitslosigkeit in Europa lassen es fraglich erscheinen, ob die Europäische Gemeinschaft und ihre Mitgliedstaaten ihren Beitrag zur Entwicklung der Dritten Welt weiter steigern oder verbessern können.

- Angesichts des Beitritts Spaniens und Portugals zur Gemeinschaft stellt sich die Frage, ob der Gemeinschaft gleichzeitig zweierlei gelingen wird: die Unterschiede zwischen den eigenen Regionen abzubauen und im gleichen Atemzug die Entwicklung der Mittelmeerländer und anderer Länder der Dritten Welt zu ünterstützen.
- Die Krise des multilateralen Kooperationssystems, die sich im Scheitern so mancher internationaler Konferenzen widerspiegelt, zwingt zu Überlegungen über die Zukunft der direkten Beziehungen zwischen der Gemeinschaft und den Ländern der Dritten Welt.

Was ist zu tun? Die Gemeinschaft sollte auf eine autonome und auf Dauer angelegte Entwicklung der Länder der Dritten Welt, vor allem der ärmsten unter ihnen, hinwirken. Daher sollte eine aktive Politik zur Entwicklung des ländlichen Raums an allererster Stelle stehen; denn die ländliche Entwicklung ist eine Voraussetzung für die Eindämmung von Hunger und Armut und für die Entstehung eines wirtschaftlichen Gefüges, ohne das die betreffenden Länder trotz aller Hilfe von außen niemals den erhofften Absprung schaffen. Ebenso müssen die Entwicklung der menschlichen Ressourcen, die Nutzung der natürlichen Ressourcen, die Wiederherstellung der ökologischen Gleichgewichte und die Förderung der selbständigen wissenschaftlichen Forschung Vorrang haben. Eine solche Konzentration auf die grundlegenden Entwicklungsmaßnahmen muß, um auch Erfolg zu haben, mit einer Änderung der Methoden Hand in Hand gehen. Wenn auch die Gemeinschaft ihre Hilfe umfangmäßig nicht verringern sollte, so muß sie doch gleich alles versuchen, um sie qualitativ zu verbessern. Zu diesem Zweck sollte sie vor allem den Dialog mit den Verantwortlichen der Empfängerliste suchen. Dieser Dialog sollte über das übliche Verhandeln oder die nur technische Erörterung der zu finanzierenden Vorhaben hinausgehen und zu einem echten Entwicklungsvertrag führen. Es geht dabei nicht darum, die Hilfe an Bedingungen zu knüpfen – immer werden die Regierungen der Dritten Welt souverän über ihre Prioritäten zu entscheiden haben – sondern darum, die Auslandshilfe und die internen Politiken besser aufeinander abzustimmen.

In diesem Zusammenhang wird die Gemeinschaft mit ihren Partnern in der Dritten Welt überprüfen müssen, auf welche Weise sich die Verwaltung der Hilfe verbessern ließe und wie die Hilfe auf die grundlegenden Prioritäten der Entwicklung des jeweiligen Landes abgestimmt werden könnte. Die Gemeinschaft hat bereits Schritte in diese Richtung unternommen und sich versuchsweise mit einigen afrikanischen Ländern auf ein Vorgehen zur Unterstützung ihrer Ernährungsstrategien geeinigt.

Neben der ländlichen und ernährungspolitischen Entwicklung, die für eine autonome Entwicklung der Dritten Welt sicherlich absoluten Vorrang haben muß, gibt es andere Bereiche, in den die Entwicklungsmaßnahmen eindeutiger die Form eines Austauschs von Vorteil annehmen können. Hierzu sei beispielsweise die Fischerei, die Erschließung der Erzvorkommen in der Dritten Welt, der Energiesektor und die Industrialisierung erwähnt. In diesem Zusammenhang wird Europa in zunehmendem Maße eine Politik der industriellen Entwicklung verfolgen müssen, die der Entwicklung der Dritten Welt Rechnung trägt.

Im Rahmen des Nord-Süd-Dialogs sollte die Gemeinschaft ihre bisherigen Anstrengungen fortsetzen und daneben auch in Zukunft einige Maßnahmen zugunsten bestimmter Ländergruppen sowie der Dritten Welt insgesamt ergreifen: Die Gemeinschaft sollte sich weiterhin für die Herstellung ausgewogener Wirtschaftsbeziehungen zwischen Nord und Süd einsetzen. Im Augenblick geht es darum, die Schwierigkeiten ausräumen zu helfen, die der Eröffnung von konkreten Verhandlungen über die großen zur Debatte stehenden Themen wie Energie, Grundstoffe, Ernährung und Landwirschaft, industrielle Umstrukturierung und Handelsbeziehungen sowie Finanzierung der Entwicklung noch im Wege stehen. Die Gemeinschaft sollte das System der vertraglich geregelten Beziehungen zur Dritten Welt weiter ausbauen und dabei seinen überregionalen Charakter und seine Dauerhaftigkeit stärker betonen, damit Ländergruppen ihre Zusammenarbeit auf der Grundlage der Vorausschaubarkeit und der Sicherheit gestalten können, wie sie ein auf der Basis der Gleichberechtigung ausgehandelter und verwalteter Vertrag bietet.

Das wichtigste Ziel dieser Politik liegt nicht im wirtschaftlichen

Bereich. Diese Anstrengungen zielen auf den Abbau von Spannungen, schließen die Wahrung der Menschenrechte ein, streben mehr wirtschaftliche und soziale Gerechtigkeit an, um Konfliktherde zu entschärfen und den Frieden zu fördern. Die Europäische Gemeinschaft selbst ist nach dem Zweiten Weltkrieg zwar als Wirtschaftsgemeinschaft konzipiert, aber als Friedensgemeinschaft gedacht worden, um einen endgültigen Schlußstrich unter die leidvollen Erfahrungen der Vergangenheit zu ziehen. So wird aus dem friedlichen Handel auch ein Handeln für den Frieden. Unter den Kriegen hat die Bevölkerung entlang der Grenzen nicht selten die größten Opfer zu beklagen. Stumme Anklage erhebt ein Denkmal in Straßburg, das eine Mutter mit zwei toten Söhnen darstellt: beide sind im Krieg gefallen — der eine für Frankreich, der andere für Deutschland. Wer vor diesem Mahnmal steht, begreift, daß eine Politik für die Abschaffung von Grenzen in Europa tiefere Wurzeln hat als das Bestreben um eine Vollendung des gemeinsamen Binnenmarktes vermuten läßt.

Ausblick
Die Einheitliche Europäische Akte
und der Binnenmarkt

Wie geht es weiter? Eine solide Aussichtsplattform für den Blick in die Zukunft ist die Einheitliche Europäische Akte. Mit der Ratifizierung werden alle zwölf Mitgliedstaaten der Gemeinschaft die Verpflichtung eingegangen sein, entsprechend dieser Perspektive zu handeln. Auch wenn manche Wünsche noch offen geblieben sein sollten: es ist der bedeutendste Schritt seit den Römischen Verträgen von 1957. Auch der etwas bürokratisch erscheinende Begriff „Akte" sollte uns nicht abschrecken, den Inhalt auf seine politische und institutionelle Innovationsfähigkeit hin abzuklopfen.

Die EEA bestärkt den Entschluß, bis zum 31. Dezember 1992 den europäischen Binnenmarkt zu verwirklichen und die Hindernisse, welche dem freien Verkehr von Waren, Personen, Dienstleistungen und Kapital zwischen den Gemeinschaftsländern heute noch entgegenstehen, zu beseitigen. Damit wird zunächst einmal lediglich ein Ziel angesprochen, welches bereits im Vertrag von Rom enthalten war. Neu ist jedoch, daß das Verfahren, mit dem dieses Ziel erreicht werden soll, verbessert wird. In dem Weißbuch der Kommission zur Verwirklichung des Binnenmarktes sind etwa 300 Beschlüsse enthalten, welche bis zum Jahr 1992 gefaßt werden sollen. Etwa 200 von diesen werden nach einem neuen Verfahren abgewickelt. In diesen Fällen entscheidet der Ministerrat nicht mehr einstimmig, sondern mit qualifizierter Mehrheit. Gleichzeitig werden die Mitwirkungsrechte des Europäischen Parlamentes bei der Beschlußfassung erweitert.

Ein volles Mitentscheidungsrecht erhält das Europäische Parlament bei zukünftigen Beitritts- und Assoziationsverträgen. Weitere Beitritte zur Gemeinschaft sind demnach nur möglich, wenn die absolute Mehrheit der Mitglieder des Europäischen Parlamentes und alle Mitglieder des Ministerrates zustimmen, was beispielsweise in der Türkeifrage von Bedeutung sein könnte.

Ausgenommen von dem neuen Verfahren sind allerdings einige Kernbereiche bei der Verwirklichung des Binnenmarktes, nämlich die Bestimmung über die Steuern, die Feizügigkeit und die Rechte und Interessen der Arbeitnehmer. Hier gilt wie bisher die Einstimmigkeit im Ministerrat.

Bei den Verhandlungen in Luxemburg spielte die Befürchtung eine wichtige Rolle, daß die zur Schaffung des Binnenmarktes erforderliche Einigung auf gemeinsame europäische Normen den hohen Schutzstandard auf den Gebieten der Gesundheit, Sicherheit, des Umweltschutzes und des Verbraucherschutzes in der Bundesrepublik Deutschland gefährden könne. Nach meiner Einschätzung ist es der Bundesregierung jedoch gelungen, eine Regelung durchzusetzen, welche diesen Bedenken voll Rechnung trägt. In der vorgeschlagenen Änderung des EWG-Vertrages wird die Kommission dazu verpflichtet, bei ihren Vorschlägen in diesen Bereichen von einem hohen Schutzniveau auszugehen. Wenn ein Mitgliedstaat diese Zielsetzungen dennoch gefährdet sieht, hat er entgegen der bisherigen Rechtslage die Möglichkeit, auch nach dem Erlaß einer Richtlinie strengere Normen anzuwenden.

Diese Regelung gab umgekehrt zu der Befürchtung Anlaß, daß dadurch neue Handelshemmnisse errichtet und die Verwirklichung des offenen europäischen Binnenmarktes gefährdet werden könne. Darum schreibt die Einheitliche Akte vor, daß in diesen Fällen die Kommission und gegebenenfalls auch der Gerichtshof in einem vereinfachten Verfahren nachprüfen, ob hier mit einer vorgeschobenen Begründung in Wirklichkeit protektionistische Ziele verfolgt werden.

Die tägliche Praxis wird zeigen, daß in diesem Bereich vernünftige Lösungen durchaus möglich sind. Nach meiner Beobachtung sind die Schutzniveaus, welche von den großen nationalen Normeninstituten der Gemeinschaft vorgeschrieben werden, durchaus miteinander vergleichbar. Auch im Bereich der Lebensmittel haben wir Deutschen aus der Sicht des Verbrauchers nicht immer die strengsten Standards. Wenn wir beispielsweise auf unser Reinheitsgebot für Bier hinweisen, wird uns entgegengehalten, daß unsere Vorschriften über die Naßzuckerung des Weines und über die Bestandteile, die zur Herstellung von Teigwaren verwendet werden können, weniger streng sind als die anderer Mitgliedsländer. Außerdem muß man feststellen, daß in der Mehrzahl der Fälle Handelshemmnisse nicht dadurch entstehen, daß unterschiedliche Schutzniveaus angewendet werden, sondern durch die Verbindlicherklärung unterschiedlicher technischer Verfahren. So hat die unglückliche Aufspaltung des Marktes für Fernseher nicht den Grund, daß die Bürger der verschiedenen Gemeinschaftsländer unterschiedlich geschützt würden, sondern den, daß einige Länder des PAL-, die anderen das SECAM-System vorschreiben.

Dennoch ist es eine der wichtigsten Herausforderungen im Zusammenhang mit der Verwirklichung der Einheitlichen Europäischen Akte, sich auf diesem Gebiet auf eine vernünftige Verfahrensweise zu einigen. Entscheidend ist dabei die Qualität der Vorbereitung der zu fassenden Beschlüsse. Nach meiner Überzeugung wird dies am sichersten erreicht, wenn schon in der Vorbereitungsphase die Hersteller, die industriellen Anwender und die Verbraucher auf europäischer Ebene mit am Tisch sitzen und sich auf einen gemeinsamen Vorschlag einigen. Europäische Normen werden notwendigerweise unhandlich und schwerfällig, wenn sie als einfache Additionen nationaler Vorstellungen und Bedenken zustandekommen. Allen Beteiligten ist am besten gedient, wenn schon in der ersten Phase der Vorbereitung das beste Know-how, welches bei Herstellern, Anwendern und Verbrauchern auf der europäischen Ebene verfügbar ist, in den Vorbereitungsprozeß einbezogen wird.

Auch die Bundesländer haben erhebliche Bedenken gegen die Ratifizierung der Einheitlichen Europäischen Akte vorgebracht. Sie fürchten, daß ihre Rechte durch die weitere europäische Integration beeinträchtigt werden könnten. Dabei ist es selbstverständlich, daß der Bestand des Föderalismus in der Bundesrepublik Deutschland durch die europäische Integration nicht gefährdet werden darf, und daß die Bundesländer über den Bundesrat verstärkt in die Vorbereitung europapolitischer Entscheidungen einbezogen werden müssen, wo ihre Rechte und ihre Verwaltungskompetenz berührt sind. Föderalismus und Subsidiarität müssen auch in Zukunft Grundprinzipien bei der Verwirklichung der europäischen Idee bleiben. Dabei muß auch berücksichtigt werden, daß heute in vielen Bereichen Schritte auf dem Weg zu einer europäischen Innenpolitik gemacht werden. Einzelne Stimmen aus den Bundesländern lassen jedoch befürchten, daß hier versucht wird, in der Europapolitik eine Art Vetorecht der Bundesländer einzuführen. Am dänischen Beispiel können wir sehen, wozu das in der Praxis führen kann. Wenn wir auf der Bundesratsebene einen Marktausschuß nach dem Vorbild des dänischen Folketing einführen würden, würde dies im Endeffekt auf die Bewegungsunfähigkeit der deutschen Bundesregierung im europäischen Einigungsprozeß hinauslaufen.

Andere Bedenken richten sich dagegen, daß durch neue Kompetenzen der Gemeinschaft auf dem Gebiet des Umweltschutzes die diesbezüglichen Rechte der Bundesländer ausgehöhlt werden könnten. Das Katalysatorbeispiel hat jedoch deutlich gezeigt, daß es gerade auf diesem Gebiet viele Entscheidungen gibt, die nur dann sinnvoll sind, wenn sie von den europäischen Ländern gemeinsam gefaßt und durchgesetzt werden. Auch in Zukunft wird niemand Hessen, Baden-Württemberg oder Bayern daran hindern wollen, bei den Großfeuerungsanlagen strengere Regelungen durchzuführen. Eine Lösung des Problems ist aber nur auf der Ebene der Gemeinschaft möglich. Daher ist es ein wichtiger Fortschritt, daß unter bestimmten Bedingungen derartige Entscheidungen in Zukunft im Ministerrat mit qualifizierter Mehrheit beschlossen werden können. Innenminster Zimmermann hätte bei der Debatte über den Katalysator einen wesentlich besseren Stand gehabt, wenn dies damals schon möglich gewesen wäre.

In vielen Diskussionen hört man auch die Meinung, das in Luxemburg gesetzte Ziel, bis 1992 einen offenen europäischen Binnenmarkt für Personen, Waren, Dienstleistungen und Kapital durchzusetzen, sei unrealistisch. Dafür seien die wirtschaftlichen Strukturen der Mitgliedsländer noch zu unterschiedlich. Daher ist es sicherlich von Interesse, einzelne Maßnahmepakete des vorliegenden Programms auf ihre Realisierungschancen zu untersuchen.

Ein erster wesentlicher Schwerpunkt des Programmes liegt bei der Verwirklichung des europäischen Binnenmarktes im Bereich der Zukunftstechnologien. Hier geht es darum, zu erreichen, daß auch kleine und mittlere Firmen, welche in diesen Bereichen tätig sind, mit einer einzigen Version des Produktes in allen Gemeinschaftsländern ohne administrative Behinderungen Zugang zum Markt erhalten. Um dies zu erreichen, muß die Gemeinschaft bis 1992 folgende fünf Instrumente schaffen bzw. weiterentwickeln: die europäischen technischen Normen, die gegenseitige Anerkennung von Prüfzeugnissen, die Weiterentwicklung des europäischen Patents, die Schaffung eines europäischen Markenrechts und die europaweite Ausschreibung im Bereich der Spitzentechnologien. Zu den Verwirklichungschancen dieser Maßnahmen läßt sich sagen, daß das europäische Normeninstitut CEN/CENELEC seine Arbeit bereits begonnen hat, daß aber noch viel zu tun bleibt, bis es den zu stellenden Anforderungen gerecht werden kann. Die gegenseitige Anerkennung von Prüfzeugnissen wird sich aus gemeinsamen Normen und Prüfmethoden schrittweise ergeben. Das europäische Patentamt steht bereits in München, durchzusetzen ist noch die Ratifizierung der europäischen Patentkonvention. Die Vorschläge für ein europäisches Markenrecht liegen auf dem Tisch des Ministerrates, eine möglichst rasche Entscheidung wäre notwendig. Die europaweite Ausschreibung, insbesondere im Bereich der Telekommunikation und Verteidigung, die eine starken Schub in Richtung auf die Verwirklichung des Binnenmarktes entwickeln könnte, ist eine Frage des politischen Willens.

Dabei ist auch zu berücksichtigen, daß die Zusammenarbeit im Bereich der Großtechnologie- und Infrastrukturprojekte ebenfalls in diese Richtung wirkt. Im Umfeld von Airbus, Ariane etc. sind bereits zahlreiche technische Normen entstanden, die europaweit gültig sind. Auch aus diesem Grunde ist es wichtig, die Technologiepolitik der Europäischen Gemeinschaft in enger Verbindung mit der Verwirklichung des europäischen Binnenmarktes zu sehen.

Wesentlich schwieriger wird es sein, im Bereich der Steuern die notwendigen Voraussetzungen für einen offenen europäischen Binnenmarkt zu schaffen. Dabei sind es insbesondere die Mehrwertsteuer und die Steuern auf Tabak und Alkohol, die im grenzüberschreitenden Warenverkehr wegen ihrer Unterschiedlichkeit Probleme verursachen. Zwar zeigen die Erfahrungen aus den Vereinigten Staaten, daß es nicht notwendig sein wird, gleiche Steuersätze in der gesamten Europäischen Gemeinschaft einzuführen. Unterschiede bis zu 5 % zwischen benachbarten Staaten dürften verkraftbar sein, ohne unerträgliche Wettbewerbsverzerrungen hervorzurufen. Solange jedoch beim Kauf eines Automobils in Luxemburg 12 %, in Deutschland 14 %, in Frankreich 33 % und in Dänemark 200 % (Registrierabgabe + Mehrwertsteuer) erhoben werden, ist eine Öffnung der Grenzen politisch nicht durchsetzbar. Das Problem liegt nicht bei den Hauptsteuersätzen. Hier liegen die Extreme zwischen 12 und 22 %, was eine Annäherung im Rahmen des Möglichen erscheinen läßt. Schwierig wird es dagegen bei den sogenannten Luxussteuersätzen in Frankreich und Belgien und bei der Besteuerung von Lebensmitteln in Großbritannien und Irland, wo aufgrund einer ehrwürdigen Tradition der Nichtbesteuerung von Lebensmitteln Nullsätze gelten. Die in diesem Bereich zu überwindenden Unterschiede sind vergleichbar mit der Aufgabe, vor welcher die Gemeinschaft bei der Harmonisierung der Zölle stand. Wenn es gelingt, den entsprechenden politischen Willen zu mobilisieren, dürfte es möglich sein, in einer Phase des wirtschaftlichen Aufschwungs diese Aufgabe zu bewältigen.

Der Abbau der Kontrollen an den Binnengrenzen wird es notwendig machen, die gesetzlichen Grundlagen für Rechts- und Amtshilfe zwischen den Behörden der Mitgliedsländer wesentlich zu verbessern. Dies gilt insbesondere im Bereich der Lebensmittelkontrollen und der inneren Sicherheit, wo die derzeit geltenden Regelungen noch außerordenlich schwerfällig sind und keinesfalls den Bedingungen eines offenen Binnenmarktes entsprechen. Auf dem Gebiet des Asylrechts, des Waffenrechts, der Bekämpfung des Drogenschmuggels und des Verfahrens bei Erteilung von Visa müssen gemeinsame Regelungen gefunden werden. Diese Aspekte wurden in den Vorschlägen der Kommission bisher nicht ausreichend berücksichtigt. Daher werden im Europäischen Parlament entsprechende Initiativen vorbereitet.

Schon diese kurze Zusammenstellung zeigt, daß die Schaffung des Binnenmarktes bis 1992 ein ehrgeiziges politisches Ziel ist. Es wird auch deutlich, daß die Einheitliche Europäische Akte nur für einen Teilbereich dieses Programms Fortschritte bringen

wird. Sie ist jedoch ein Signal dafür, daß die zwölf Mitgliedsländer der Europäischen Gemeinschaft den politischen Willen haben, dieses Ziel zu erreichen, und ihre gemeinsamen Entschei-
dungsverfahren flexibler und demokratischer zu gestalten.